Anne und Jan van Amstel

Frauen lieben Schokolade, Männer Wiener Schnitzel

PIPER

Zu diesem Buch

Das kennt jeder: Während sich Männer genüsslich über ihr großes Schnitzel mit Pommes hermachen, bestellen sich Frauen viel lieber einen leckeren Schokoladenkuchen und eine gute Tasse Cappuccino. Die meisten Frauen können Stunden in Schuhgeschäften zubringen, während sich ihre Partner fragen, wie es nur so lange dauern kann, ein passendes Schuhwerk zu finden. Und wenn Frauen abends über sämtliche Erlebnisse des vergangenen Tages Rechenschaft ablegen, haben Männer oft schon ihren Vorrat an geschätzten 10 000 Wörtern verbraucht und ziehen sich vor den Fernseher zurück ... Ein Wunder, dass so viele Paare es trotzdem miteinander aushalten! Vielleicht machen aber gerade die Unterschiede den Reiz aus – meinen Jan und Anne van Amstel, die nicht nur aus ihrem Erfahrungsschatz als Paartherapeuten schöpfen, sondern in vielen Jahren glücklicher Ehe die Macken des anderen lieben gelernt haben.

Jan van Amstel, geboren 1952 in Den Haag, studierte Soziologie und Psychologie. Nach zehn Jahren als Weltreisender ließ er sich als Paartherapeut in Amsterdam nieder. Von 1993 bis 1999 lebte er in Berlin, bevor er mit seiner Familie wieder nach Amsterdam zog. Von ihm stammt unter anderem der sehr erfolgreiche »Sex-Knigge für Frauen«.
Anne van Amstel, geboren 1963 in Amsterdam, studierte in Toronto Medizin und war danach als Kinderärztin in Afrika tätig. Zusätzlich machte sie eine Ausbildung als Paartherapeutin und arbeitete mit ihrem Mann als Familientherapeutin. Nach »Wie Paare ticken« ist »Frauen lieben Schokolade, Männer Wiener Schnitzel« das zweite Buch, das sie zusammen mit ihrem Mann schrieb.

Anne und Jan van Amstel

Frauen lieben Schokolade, Männer Wiener Schnitzel

Warum wir trotzdem zusammenpassen

Mit Vignetten von
Wolfgang Pfau

Piper München Zürich

Mehr über unsere Autoren und Bücher:
www.piper.de

Kontakt zu den Autoren:
amstel@online.ms

Von Anne und Jan van Amstel liegen bei Piper vor:
Wie Paare ticken
Frauen lieben Schokolade, Männer Wiener Schnitzel

Originalausgabe
Dezember 2009

Umschlaggestaltung: Cornelia Niere, München
Umschlagabbildungen: Ian O'Leary / Getty Images (Schokotorte) und Roland Werner, München (Schnitzel)
Satz: Filmsatz Schröter, München
Papier: Munken Print von Arctic Paper Munkedals AB, Schweden
Druck und Bindung: CPI – Clausen & Bosse, Leck
Printed in Germany ISBN 978-3-492-26340-5

Annes Vorwort

So. Nachdem ich die restliche Mandelschokolade schweren Herzens wieder eingepackt habe, fange ich mal mit meinem Vorwort an. Wie heißt es schließlich so schön? Ladys first! Und wenn Männer schon immer das letzte Wort haben müssen, ist es nur gerecht, wenn Frauen wenigstens das erste bekommen. In diesem Fall: das erste Vorwort. Das zweite folgt weiter unten, das darf mein Mann Jan schreiben.

Die Gelegenheit, gemeinsam über typisch männliche und weibliche Marotten zu schreiben, wollten Jan und ich uns nicht nehmen lassen. Nicht, dass das Thema Mann/Frau so neu wäre, doch es hat uns gereizt, die vielen Eigenheiten, die Paaren das Leben schwermachen, einmal sowohl aus weiblicher (meiner) als auch aus männlicher (seiner) Sicht zu beschreiben.

Männliche Macken, weibliche Spleens

Als Paartherapeuten wissen Jan und ich nur zu gut, dass die scheinbar so harmlosen kleinen Verrücktheiten, mit denen Paare es zu tun haben, mehr Beziehungen zerstören können als die großen Katastrophen. Letztere liefern zwar guten Stoff für Hollywood-Dramen, doch Mord aus Eifersucht kommt in unserer Nachbarschaft eher selten vor. Mit zermürbenden Kleinigkeiten, die an Männer- beziehungsweise Frauennerven sägen, haben wir es hingegen tagtäglich zu tun: Welches Fernsehprogramm wird angeschaut? Was wird heute gekocht? Wie gehe ich mit seiner/ihrer schlechten Laune um?

Viele Beziehungsprobleme haben einen sehr einfachen Grund: Männer und Frauen sind so unterschiedlich wie Wiener Schnitzel und Schokolade. Wie Fleischfresser und Vegetarier. Oder – vielleicht noch etwas deutlicher – wie Esel und Zicken. Falls Sie immer noch glauben, dass es eindeutig männliche oder weibliche Verhaltensweisen gar nicht gäbe, dann machen Sie doch einmal den folgenden kurzen Test:

1. Wer von beiden verbringt Stunden im Schuhgeschäft, und wer ärgert sich, dass es doch wohl nicht so lange dauern kann, zwei Schuhe zu kaufen – einen für den linken Fuß, einen für den rechten?
2. Wer will abends haarklein über sämtliche Erlebnisse des vergangenen Tages referieren, und wer sitzt nur schweigend da oder gibt maximal ein paar brummende Geräusche von sich?
3. Wer wünscht sich einen großen Familienvan (auch wenn der ganz schön schwer einzuparken ist), und wer will lieber den flotten Zweisitzer mit ordentlich PS?
4. Wer von beiden vertraut seine intimsten Geheimnisse der besten Freundin an, und wer spricht mit seinen Freunden lieber über Speicherchips oder Fußballergebnisse?
5. Wer von beiden macht sich über das Riesenschnitzel mit Pommes her, und wer braucht zu seinem Cappuccino unbedingt noch ein Schokocroissant?

Schon klar: Das war einfach, weil wir es hier mit Klischees zu tun haben. Aber das Dumme an Klischees ist ja gerade, dass sie sich leider immer wieder bewahrheiten, dass sie eben nicht zufällig, sondern meist sehr zutreffend sind.

Liebeskiller, wohin das Auge blickt

Nicht nur in den Niederlanden (Jan und ich sind Holländer, was Sie an einigen Stellen in diesem Buch auch merken werden – aber keine Sorge: Sie müssen dazu nicht Holländisch können), sondern auch in Deutschland sind die Scheidungsraten in den vergangenen Jahren kräftig nach oben geschnellt.

Auf Nummer eins der zehn wichtigsten Scheidungsgründe stehen immer noch unangefochten die Kirschen in Nachbars Garten – die altbekannten Affären. Doch auf den Plätzen zwei bis zehn folgen all die vermeintlichen Kleinigkeiten, die so oft unterschätzt werden: Kommunikationsprobleme, enttäuschte Erwartungen, fehlender Freiraum, mangelnde sexuelle Erfüllung, schleichende Entfremdung, unterschiedliche Interessen, Sockenberge, Migräne oder Schnarchen.

Männer reagieren genervt, wenn ihre Partnerin immer nur kuscheln will, wenn sie das Bad ewig besetzt hält, ständig Soaps sehen will, stundenlang am Telefon hängt, ihrer Freundin zu viel erzählt und überhaupt viel zu viel redet.

Frauen hingegen geht es auf die Nerven, wenn ihr Partner alle sieben Minuten an Sex denkt, wenn er ihr nie Rosen mitbringt, ständig an seinem Auto rumbastelt, am Wochenende nur seine Kumpels trifft, anderen Frauen auf den Busen starrt oder immer nur in Schlabber-T-Shirt und Sandalen durch die Wohnung läuft.

Warum wir trotzdem zusammenpassen

Wie Sie sehen, fehlt es im Alltag nicht an psychologischen Problemzonen. Aber die Macken des anderen haben durchaus auch gute Seiten, denn sie können zu Chancen für unser eigenes Wachstum werden. Irgendwann einmal haben wir uns unseren Partner ja schließlich ausgesucht. Wir waren verliebt, aber trotz rosaroter Sonnenbrille wusste doch etwas ganz tief in unserem Inneren längst, dass der andere Qualitäten mitbringt, die für unsere Entwicklung wichtig sind. Leider werden uns die Qualitäten unseres Partners nicht immer in Form von Bewunderung, sondern oft auch als unsere eigenen Widerstände bewusst.

So viele Paarkonstellationen es gibt, so viele Reibungspunkte gibt es auch. Und immer dann, wenn mich etwas am anderen besonders stört, sollte ich mich fragen: »Was um alles in der Welt verbirgt sich *wirklich* dahinter? Warum reagiere ich so gereizt?« Sich darüber klar zu sein, dass der Fehler nicht unbedingt am anderen liegen muss, sondern vielleicht auch in der eigenen Sichtweise begründet sein könnte, erspart Ihren Nachbarn manch nächtliche Ruhestörung und schützt zudem Ihr Porzellan.

Die Bewohner aus dem Schokoladen- und Schnitzeluniversum können durchaus friedlich nebeneinander existieren und sich sogar gegenseitig bereichern. Allerdings nur, wenn sie nicht zu viel voneinander erwarten. Und wenn sie sich dessen bewusst bleiben, dass Frauen und Männer sich ohnehin nie vollkommen verstehen werden. Aber das ist auch nicht nötig, denn wie sagte Goethe schon so schön: »Manches können wir nicht verstehn. Lebt nur fort, es wird schon gehn.«

Jans Vorwort

Na super – da zerbreche ich mir drei Tage lang den Kopf, was um alles in der Welt ich nur in diesem Vorwort schreiben soll. Nach zahlreichen Brainstormings und zwei vollgekritzelten Notizseiten wäre ich dann so weit gewesen. Und jetzt lese ich Annes Vorwort und sehe, dass sie ja schon alles gesagt hat. Und sogar mehr, als nötig gewesen wäre. Dass Frauen gerne viel reden (oder schreiben), wäre damit ja wohl wieder einmal bewiesen.

Der unbestrittene Vorteil ist: Ich muss jetzt keine Zeilen füllen, sondern kann mich entspannen, mir in aller Ruhe ein Bier aus dem Kühlschrank holen und mal schauen, ob noch ein Spiel aus Wimbledon übertragen wird. Bleibt mir noch, Ihnen viel Spaß und hoffentlich auch die eine oder andere erhellende Erkenntnis aus dem Kaleidoskop männlicher und weiblicher Verhaltensauffälligkeiten zu wünschen, bevor ich mich aufs Sofa zurückziehe.

Anne

Warum Frauen sich über einen Strauß Rosen am meisten freuen ...

Wenn Sie Ihrer Partnerin ein charmantes Geschenk machen wollen, muss es nicht immer gleich die Handtasche von Prada sein. Mit einem Strauß Blumen kommen Sie nicht nur deutlich günstiger weg, Sie liegen auch immer richtig, denn wir Frauen lieben Blumen. Ein Rosenstrauß macht sich gut in jeder Vase und ist zudem ein Kompliment, das mehr sagt als tausend Worte. Und da Männer ungern reden, sollte man meinen, dass so ein Kompliment genau das Richtige für sie wäre.

Doch weit gefehlt: Männer schenken lieber Gutscheine – die einfallsreichen einen Gutschein für eine Ayurveda-Massage im Spa-Resort, die weniger originellen auch schon mal für einen Satz Winterreifen. Schade – denn ob Tulpen, Rosen oder Nelken: Blumen repräsentieren Sinnlichkeit, Romantik und Zuneigung. Wer es mit Symbolik nicht so hat, muss wenigstens zugeben, dass Blumen schön aussehen und gut riechen. Und jeder Mann sollte wissen, dass es nicht zuletzt der richtige Duft ist, der die Tür zum Herzen jeder Frau öffnet – das gilt für Körpergeruch und Aftershave ebenso wie für den Blumenstrauß in der Hand (den Sie daher besser nicht an der Tankstelle holen, wo Blumen bestenfalls nach nichts riechen).

Rosenkavaliere sollten wissen: Das Herz einer Frau lässt sich mit schönen Gedichten, betörendem Gesang oder roten Rosen erobern. Wer nicht reimen, geschweige denn singen kann, sollte schnell den Weg zum nächsten Blumenladen einschlagen, denn da kann man wenigstens nichts falsch machen.

... und Männer am liebsten Gutscheine verschenken

Wir Männer haben zwei Fehler: Zum einen gehen wir immer von uns aus, denn wir sind nicht so gut darin, uns in andere einzufühlen. Zweitens tun wir zwar immer so, als wären wir immun gegen Stress, doch mit Erwartungsdruck kommen wir im Grunde nicht klar. Nun kombinieren Sie mal fehlendes Einfühlungsvermögen und Erwartungsdruck mit dem Vorhaben, ein Geschenk kaufen zu gehen – und zwar das richtige! Dann verstehen Sie, warum Männer in Anbetracht nahender Geburts- oder Valentinstage am liebsten verreisen würden – und zwar alleine.

Noch schlimmer ist es mit Hochzeitstagen. Die Vergesslichkeitsrate der Ehemänner liegt hier bekanntlich bei über neunzig Prozent. Die Frauen reagieren enttäuscht. Zu viele Hollywood-Filme, in denen fesche Herren im Jackett auf Balkone klettern, um ihrer Angebeteten Diamantringe an den Finger zu stecken, haben ihnen den Sinn für die Realität geraubt.

Wenn es schnell gehen muss (also eigentlich immer), greife ich daher gern zu Gutscheinen. Ein Gutschein ist doch auf jeden Fall besser als ein überflüssiges Geschenk, das oft schneller in die Mülltonne wandert als die Fischreste vom Abendessen. Was meine Frau betrifft, so scheint sie da anderer Meinung zu sein als ich. Ein Gutschein für eine Infrarotlampe lässt sie kalt. Bügeleisen- oder Edelstahltopf-Gutscheine fasst sie als Beleidigung auf. Auch mit meinem Gutschein für einen Friseurbesuch lag ich voll daneben. (»Dir gefällt also meine Frisur nicht?«) Und persönliche Gutscheine über eine Rückenmassage oder einen gemeinsamen Theaterbesuch – das gebe ich offen zu – werden zu selten eingelöst.

Was aber wollen Frauen? Eine klare Ansage würde es viel leichter machen: »Schenk mir eine Chanel-Mademoiselle-Uhr, Gelbgold 18 Karat, mit dem Akoya-Zuchtperlen-Armband, unverbindliche Preisempfehlung 6170 Euro.« Dann könnte ich einfach sagen: »Sorry, Schatz, zu teuer« – und das Problem wäre erledigt.

Anne

Beruflichen Erfolg zu haben, macht auch Frauen Spaß

Nesthüterin zu sein, ist schön und gut, reicht vielen von uns heute aber nicht mehr. Im Umgang mit Mann und vielleicht auch Kind(ern) haben wir Frauen uns jede Menge Soft Skills angeeignet: Teamgeist, Kommunikationstalent, Einfühlsamkeit – Kompetenzen, die sich auch beruflich prima einsetzen lassen. Immer mehr Frauen wollen gerne einen Beruf ausüben, der ihnen Spaß macht und sie herausfordert. Doch leider ist es für uns Frauen immer noch sehr schwer, die Karriereleiter zu erklimmen – und das liegt durchaus nicht nur an den High-Heels, denn mit Nikes ginge es auch nicht leichter.

Verschiedene Studien aus den letzten Jahren bestätigen es: Für Frauen ist die Luft an der Spitze immer noch sehr dünn. Eine Frau, die in die höchsten Positionen von Wirtschaft, Forschung oder Gesundheitswesen vordringen will, braucht schon einen Zauberstab. Oder sie muss überdurchschnittlich qualifiziert sein, promovieren, habilitieren und (selbst wenn sie Kinder hat) wöchentlich fünfzig bis sechzig Stunden arbeiten. Dann gibt es reelle Chancen. Und tatsächlich: Einige Frauen schaffen das sogar. Dennoch sagen viele Frauen in Topjobs, dass es auf dem Weg nach oben noch immer zwei große Hindernisse gibt: die Unvereinbarkeit von Familie und Karriere sowie die chronische Bevorzugung männlicher Mitbewerber.

Und was ist mit den Frauen, die es dann tatsächlich geschafft haben? Die haben zu Hause meist einen Partner sitzen, der sein Konkurrenzdenken nicht ausschalten kann, seine Frau mit einem Feind verwechselt, Fingernägel kaut und Komplexe kriegt.

Zum Glück sehen Jan und ich das viel lockerer: Wir arbeiten beide, verdienen beide Geld, keinem wird langweilig, und Zeit zum Kuscheln bleibt auch noch genug. Und die Frage, wer von uns beiden der bessere Therapeut ist, interessiert uns überhaupt nicht. (Wobei – ehrlich gesagt, kann ich schon von mir behaupten, dass ... aber lassen wir das lieber: Der Koautor liest nämlich mit.)

Männer finden Karrierefrauen unheimlich

Männer, die Karriere machen, zahlen dafür einen hohen Preis. Sie entwickeln sich zu Workaholics und verbringen ihre Lebenszeit am Schreibtisch. Liebe und Familie bleiben auf der Strecke, und am Ende droht der Herzinfarkt.

Warum aber, bitte schön, soll all das bei Frauen okay sein? Das Geschlecht schützt vor Schaden nicht. Und bekanntlich haben Frauen es sogar noch schwerer, beruflich erfolgreich zu sein. Um halb so viel zu verdienen wie Männer, müssen sie oft doppelt so lange arbeiten.

Mit einem Partner, der lebt, um zu arbeiten, hat man's schwer. Aber natürlich gibt es noch andere Gründe, warum Frauen im Businessdress uns Männern unheimlich sind: Wer passt auf die Kinder auf? Wer brät uns unser Wiener Schnitzel? Und was, wenn beide fix und fertig nach Hause kommen – wer fängt da wen auf?

Bekannte von uns arbeiteten beide in derselben Softwarefirma. Während Anita langsam, aber sicher aufsteigen konnte und es bis zur Key-Account-Managerin geschafft hat, blieb Hermann immer auf seinem Stuhl kleben. Schließlich bekam er Alkoholprobleme, verlor erst die Beherrschung, dann seine Frau und schließlich seinen Job. Ein Einzelfall?

Nach einer aktuellen Umfrage des Gewis-Instituts hätten mehr als fünfzig Prozent aller deutschen Angestellten ein Problem damit, wenn ihr Chef eine Frau wäre. Knapp siebzig Prozent der befragten Männer wollen die Nase beruflich vorn haben, und mit der Rolle des Hausmanns könnte sich weniger als ein Viertel abgeben.

Dagegen steht, dass immer mehr Mädchen Abitur machen und studieren. Empirische Studien belegen, dass sie kommunikativer, ausdauernder und sozial kompetenter sind als ihre männlichen Mitbewerber. Noch landen nicht mal fünf Prozent der Frauen im Topmanagement – aber die Zeiten ändern sich. Statt Selbstzweifel zu hegen, sollten wir Männer den Tatsachen ins Auge sehen.

Anne

Frauen lieben Schokolade

Frauen mögen's süß! Ich könnte meinen Kaffee nie ohne Zucker trinken – und ein kleines Schokocroissant dazu ist auch nicht schlecht. In der Confiserie und Chocolaterie sehe ich immer nur Frauen einkaufen. Ob sie mehr Sinn für liebevoll eingepackte Pistazien-, Trüffel-, Hot-Masala- und Chilischokolade haben? Sogar die Werbung zielt ganz auf den weiblichen Konsumenten: ob Ferrero-Küsschen, Yogurette oder Mon Chéri – immer sind es Frauenzungen, auf denen das Zeug in Nahaufnahme zerfließt.

Und was sagt die Wissenschaft? Dass Frauen die Geschmacksrichtung »süß« besser wahrnehmen als Männer, die dafür bei »bitter« und »salzig« vorn liegen (Bier und Chips eben). Forscher der Universität Amsterdam konnten nachweisen, dass Frauen stark auf Schokoladengenuss reagieren. Dazu haben sie den Gesichtsausdruck von 300 Frauen aus sechs europäischen Ländern beim Essen gefilmt und anschließend über eine Gesichtserkennungssoftware am Computer ausgewertet. Während die Mienen beim Genuss von Joghurt und Äpfeln kaum verzogen wurden, zauberte Schokolade den Probandinnen ein glückseliges Lächeln ins Gesicht.

Stimmungsaufhellende Substanzen wie Serotonin und Cannabinoide sind schuld daran, wenn arglose Frauen zu Schokoholics werden. Inzwischen gibt es eine neue Theorie: Schokolade ist bekanntlich kalorienreich und sollte in Maßen gegessen werden. Der Konflikt zwischen »ich möchte so gern« und »ich darf aber nicht« löst ein starkes Verlangen aus und führt mitten hinein in den Suchtmechanismus.

In geringer Dosis schützt Schokolade mit einem hohen Anteil an Kakao übrigens vor Herzinfarkt. Schweinefleisch ist dagegen hundertprozentig ein Risikofaktor – nicht nur für das Schwein, sondern auch für die Arterien des »Genießers«. Was wir daraus lernen? Dass Männer, die ihrer Liebsten etwas Gutes tun wollen, immer ein bisschen (!) Schokolade zum Naschen mitbringen, dafür aber die Grillwürste unbedingt zu Hause lassen sollten.

Männer lieben Wiener Schnitzel

Wenn ich mich mit anderen Männern vergleiche, muss ich immer wieder feststellen, dass einige typisch männliche Eigenschaften bei mir nicht sonderlich stark ausgeprägt sind. Natürlich muss ich mich jeden Tag rasieren und hätte am liebsten immer recht – so gesehen: typisch Mann. Andererseits kann ich aber gut zuhören und nur mäßig einparken. Weder finde ich Seife unmännlich, noch brauche ich einen Ferrari, um glücklich zu sein. Und: Ich mag Schokolade! Allerdings eher zartbitter oder bitter – und die nennt man dann ja wenigstens auch »Herrenschokolade«.

Vor allem aber sind es Frauen, die regelrecht Heißhunger auf Süßes entwickeln. Männer hingegen sind Fleischfresser – das sagt sogar das Deutsche Institut für Ernährung. Im Schnitt kommt ein Mann (und zwar ohne Dosenwaren und Wurst) auf rund 70 Gramm Fleisch pro Tag. Zudem greift jeder dritte mehrmals wöchentlich zu Burger, Döner, Pommes und anderen Leckereien aus der Fastfood-Küche. Gesundheitsbewusstsein? Kalorienbewusstsein? Fehlanzeige! Oscar Wilde hatte recht, als er über Männer schrieb: »Sie sind Bestien, deshalb ist es höchst wichtig, die Kerle ordentlich zu füttern.«

Wenn der Grillabend mal ausfällt, gehe ich gerne mit meinen Freunden essen. Dann schlägt das Herz eines jeden Metzgers höher: Ob Wiener Schnitzel, Hackbraten, Kalbsmedaillons oder Currywurst – Hauptsache, fettig und salzig. Übrigens haben US-Forscher entdeckt, dass Salz die Stimmung hebt. Salzentzug führt zu ähnlichen Veränderungen der Gehirnaktivität wie Drogenentzug – jedenfalls bei Ratten. Bei Männern klappt das sicher auch, während Frauen im Restaurant ja meist einen recht salzarmen Salat bestellen. Und nicht etwa als Beilage, sondern als Hauptgericht!

Ich vermute ja, dass das ein Trick ist: Von Salat wird bekanntlich niemand satt. Die Salatesserinnen brauchen zum Schluss also noch ein dickes Dessert – am besten Vanilleeis mit Schokoladensoße. Oder Mousse au Chocolat.

Warum Frauen so gerne Körbe verteilen ...

Eigentlich verteilen wir Frauen nicht wirklich *gerne* Körbe, aber leider geht es oft nicht anders. Stellen Sie sich vor, Sie sitzen entspannt in einem Café und schauen sich die Leute an, lesen ein gutes Buch oder warten auf Ihre Freundin. Plötzlich platzt ein fremder Kerl in den Raum, setzt sich mehr oder minder ungefragt an Ihren Tisch und beginnt damit, derart dummes Zeug zu reden, dass Sie nicht wissen, ob Sie sich ärgern oder nur staunen sollen. Hier mal einige Anmachsprüche, die Freundinnen von mir in letzter Zeit zu hören bekamen:

»Na Süße – bist du wirklich so einsam, wie du aussiehst?«

»Hat Ihnen schon mal jemand gesagt, dass Sie sehr schöne Augen haben – so blaue ... äh ... ich meine, grüne Augen wie ... äh, na, Sie wissen schon.«

»Na so was: Da komm ich hier vorbei, und da sitzen Sie und haben doch tatsächlich blondes Haar – wo ich blonde Frauen doch so attraktiv finde. Ach und übrigens – kennen Sie den: Was ist der Unterschied zwischen einer Blondine und einem Dosenöffner?«

Männer, die Frauen in der Öffentlichkeit ansprechen, sollten idealerweise charmant, zumindest aber harmlos sein. Ein Mann, der einer Blonden Blondinenwitze erzählt, ist jedoch eindeutig ein Vollidiot. Ob Angeber, Schleimer oder Aufreißer – jede Frau wird im Notfall fieberhaft nach dem passenden Korb suchen, wird vielleicht erfinden, dass ihr Freund eigentlich längst vom Kickboxtraining zurück sein müsste. Oder sie antwortet passend zur Anmache: »Stimmt – ich bin einsam. Aber wenn du mir vier Kinder machst, die Doppelhaushälfte, meine Beautyfarm und nach der Scheidung auch noch unser aller Unterhalt zahlst, geht's mir sicher bald besser.«

Natürlich gibt es auch nette, einfühlsame Männer, die Frauen ansprechen. Und die müssen wissen, dass nicht jeder Korb eine Abfuhr ist. Minikörbe sind eher Ausdauertests – eine Aufforderung, noch ein paar Erdbeeren sammeln zu gehen und es dann ruhig ein zweites Mal zu versuchen.

Jan

... und Männer beim Anbandeln nie die richtigen Worte finden

»Zum Tanze da geht ein Mädel mit güldenem Band ... das schlingt sie dem Burschen ganz fest um die Hand ...« Vielleicht kennen Sie das alte Volkslied aus Schweden? Leider ist es beim ersten Flirt meist andersrum – da müssen nämlich wir Männer das Band schlingen. Allerdings nicht fest, sondern zart. Frauen sind kein Freiwild, und Bärenfallen sind inzwischen weltweit verboten.

Für einen erfolgreichen Erstkontakt brauchen Sie Einfühlungsvermögen und eine gute Strategie. (Für alle Leserinnen: Der folgende Absatz ist nur für Männer interessant. Überspringen Sie ihn, und lesen Sie gleich das nächste Kapitel.) Damit Sie als Mann statt mit Korb mit einer Dame im Arm aus dem Lokal kommen, sollten Sie ein paar Punkte beachten.

Kommen Sie ins Gespräch. Jedes noch so banale Thema eignet sich für einen Smalltalk. Stellen Sie offene Fragen, die nicht mit Ja oder Nein beantwortet werden können, sondern das Gespräch am Laufen halten. Also nicht: »Das Wetter ist schön, stimmt's?«, sondern lieber: »Was halten Sie von diesem verrückten Sommer?« Meiden Sie Konfliktthemen wie Politik, Exfrauen, Weltanschauungsfragen und Sex. Lassen Sie Ihre Gesprächspartnerin ausreden, ohne zu sagen: »Ja, das kenn ich auch. Neulich war ich ...« oder: »Ach, das ist doch noch gar nichts ...« Weg mit dem Holzhammer! Flirten Sie einfühlsam. Lächeln Sie, halten Sie Augenkontakt, und schauen Sie keinesfalls anderen Frauen hinterher.

Freilich: Das ist leichter gesagt als getan. Wenn Sie sich all das merken wollen, brauchen Sie erst mal einen Kurs für Gedächtniskünstler. Fangen Sie klein an, indem Sie sich nicht groß aufspielen und öfter mal die Klappe halten. Oft reicht das schon, um einen guten Eindruck zu hinterlassen.

Anne

Warum Frauen Tages-, Nacht- und Anti-Aging-Cremes brauchen ...

Gut 96 Prozent der Kosmetikwerbung zielt auf weibliche Konsumenten ab. Die paar Produkte, die darüber hinaus beworben werden, gelten den Männern: Rasierschaum und Achselspray für Felsenspringer, viel mehr ist nicht, denn Kosmetikkonzerne wollen ihr Werbebudget ja nicht sinnlos verpulvern.

Wenn Frauen in einer Krise stecken, merke ich als Therapeutin das nicht nur im Gespräch mit ihnen. Der seelische Zustand spiegelt sich (übrigens nicht nur bei Frauen) auch im Äußeren. Depressive Stimmungen beispielsweise hört man am Klang der Stimme, sieht man in der energielosen Haltung oder eben auch daran, dass Frauen sich gehen lassen – sich die Haare nicht mehr waschen, sich nicht um ihr Aussehen kümmern, sich nicht pflegen.

Frauen, denen es psychisch gut geht, kümmern sich meist auch um ihr Aussehen, und zwar in einem gesunden Ausmaß. Das ist nicht etwa ein Anzeichen für neurotische Ichbezogenheit oder krankhafte Eitelkeit, sondern ein ganz natürliches weibliches Verhalten. Zwar besteigen Frauen heute Achttausender, leiten Finanzabteilungen großer Konzerne und tragen Boxweltmeisterschaften aus – dabei wollen sie aber trotzdem wie Frauen aussehen.

Werfen Sie nur einmal einen Blick in das Badezimmerschränkchen eines Paares: Auf der einen Seite Rasierschaum und -pinsel, drei Zahnstocher und eine Zahnbürste, die längst hätte ausgetauscht werden sollen. In der anderen Hälfte des Schranks drängeln sich Tages-, Nacht-, Antifalten-, Augenlid- und Handcremes, Bodylotions auf Q10-Basis, Haarspülungen mit Vitamin E und ein ganzes Verwöhnpotpourri aus Kakaobutter-, Mango- und Grapefruitextrakten sowie Honig-, Rosen- und Kokosdüften. Wir Frauen wollen nämlich nicht nur gut aussehen, sondern uns auch noch wohlfühlen dabei.

Und natürlich machen wir das alles nicht, um den Männern zu gefallen, sondern hauptsächlich für uns.

... und Männer sogar schon Seife unmännlich finden

Kosmetik kostet viel Geld und Körperpflege viel Zeit. Das Haushaltsbudget für Kosmetik ist aber in der Regel schon in der Mitte des Monats ausgeschöpft, da die Frau für fingerhutgroße Cremetöpfchen oft mehr ausgibt, als eine ganze Tankfüllung Super plus kostet.

Und Zeit bleibt auch nicht mehr viel, denn wessen Partnerin das gemeinsame Bad über eine halbe Stunde lang blockiert, dem bleiben morgens gerade noch zwei Minuten, bevor er ins Büro muss. Gerade genug Zeit, um sich mit den Fingern durch die Haare zu fahren und Pipi zu machen. (Was um alles in der Welt machen Frauen eigentlich immer so lange im Badezimmer? Ihre Freundin mit dem Handy anrufen? Dicke Wälzer wie »Krieg und Frieden« lesen?)

Im Gegensatz zu Frauen halten sich Männer am liebsten ans Motto: »Lebe wild und gefährlich.« Und das geht auch ohne Enthaarungscreme. Tarzan mit »Wetterfest« im Haar? Old Shatterhand mit Mangocreme an der Backe? Huckleberry Finn mit der Adidas-Pflegeserie in seiner Tonne am Waldrand? Unmöglich!

Richtig harte Kerle eröffnen kein Kosmetikstudio. Wenn es nach ihnen ginge, würden sie sich an der Bergquelle waschen und danach mit Heu abschrubben. Wozu Seife benutzen? Noch immer rangiert Körperpflege bei vielen Männern auf der Beliebtheitsskala knapp unterhalb des Zahnarztbesuchs. Beides ist reine Zeitverschwendung.

Und wissen Sie, warum Männer nicht mit Lockenwicklern durch die Gegend laufen? Weil Männer nicht so sehr »schön« als vielmehr »cool« sein wollen. Allerdings denken manche Männer da sicher zu eingleisig: Wenn Coolness dazu führt, dass Achselschweiß, Mundgeruch und Haarbüschel, die wild aus Nase und Ohren sprießen, jede junge, attraktive Frau vertreiben, sitzt der Seifenmuffel schließlich allein vor seinem Lagerfeuer. Cool mag das dann vielleicht sein, vor allem aber ist es ganz schön langweilig.

Shoppen ist der Lieblingssport vieler Frauen

Die These, nach der Frauen gerne shoppen und Männer dann die Krise kriegen, ist nicht nur ausgelutscht, sondern auch Grundlage zahlreicher Ungenauigkeiten, und so wird es Zeit, mal einiges klarzustellen:

Definition: Was heißt das überhaupt: »Shopping«? Wer mit Frühstücksfleisch, Vollmilch und Brokkoli an der Supermarktkasse steht, ist jedenfalls nicht beim Shoppen, sondern erledigt nur seinen Wochenendeinkauf. Im engeren Sinne bezieht sich der Begriff »Shopping« auf den weiblichen Aufenthalt in Kleider- und Schuhboutiquen sowie im Feinkosthandel. Nicht immer werden dabei auch wirklich Käufe getätigt.

Vor- und Nachteile: Für Frauen gibt es nur Vorteile. Für den Mann gilt: Während seine Frau beim Shoppen ist, hat er seinen Frieden – das ist der Vorteil. Der Stand des gemeinsamen Kontos geht jedoch den Bach runter – das ist der Nachteil.

Hintergrund: Für eine Frau bedeutet Shopping nicht nur »Einkaufen gehen«, sondern: sich etwas gönnen, sich treiben lassen, endlich an sich selbst denken, dem Abwasch entfliehen, an neuen Düften schnuppern (Parfümerie), in verschiedene Rollen schlüpfen (Umkleidekabine), träumen (Juwelier) und sparen (Outlet).

Die Beerentheorie: Die Beerentheorie ist Quark. Sie besagt, dass Frauen nur deshalb so gern shoppen, weil sie in der Steinzeit den ganzen Tag beim Beerensammeln waren, bis ihr Körblein (heute: Handtasche) voll war. Die Sache ist nur: Frauen gehen heute ja nicht Marmelade, sondern Schuhe kaufen. Außerdem verbrachten sie die meiste Zeit in der Höhle. Warum also sollten eingefleischte Höhlenhockerinnen den ganzen Tag durch Einkaufsmeilen rennen? Und warum sollten Männer, die seit je auf Jäger programmiert sind, plötzlich nicht mehr vor die Haustür wollen? Es lässt sich eben nicht alles mit Waldbeeren erklären. Manchmal ist auch die Emanzipation schuld. Die hat den Spieß umgedreht, und so hütet das Männchen heute die Höhle, während sein Weibchen auf die (Schnäppchen-)Jagd geht.

Männer hüten lieber das Sofa

Das vielleicht wichtigste Rezept für ein harmonisches Zusammenleben mit einem Partner lautet: Jedem Tierchen sein Pläsierchen. Nicht alles muss man gemeinsam machen, und manchmal ist es das Beste, einfach auf dem Sofa liegen zu bleiben, solange man nur seine Keditkarte gut versteckt hat. Dass Shopping immer noch als »Frauensport« bezeichnet wird, leuchtet mir jedoch aus zwei Gründen nicht ein:

Was heißt schon *Frauen*sport? Ich kenne auch Männer, die gerne Einkaufsbummel machen. Und zwar nicht nur im Baumarkt. Ein Freund von mir ist beispielsweise ausgesprochener Büchernarr – er verbringt jede freie Minute im Buchhandel und sammelt Neuerscheinungen wie andere Leute Briefmarken. Fernsehen ist da noch eine richtig billige Alternative.

Wieso eigentlich Frauen*sport*? Der Fitnessfaktor ist beim Shopping doch wohl zu vernachlässigen. Es gab Zeiten, da musste der Mensch kilometerweit gehen, um, sagen wir mal, ein Pfund Schweinenacken zu kaufen. Der nächste Metzger war drei Dörfer weit entfernt.

Eine Frau, die heute zum Shoppen geht, bekommt auf engstem Raum Sandaletten aus Italien, Bikinis aus Costa Rica und T-Shirts made in China präsentiert. »Outlet-Center« oder »Einkauf auf der grünen Wiese« heißt das heute. Von der Wiese ist natürlich nichts mehr übrig, die wurde plattgewalzt. Aber immerhin: Ein bisschen frische Luft kann man zwischen Palmers- und Benetton-Boutique doch noch tanken, und da ist es vielleicht nicht schlecht, sich im Nike-Outlet-Store gleich mit guten Walkingschuhen auszurüsten.

Ich spare mir das Geld fürs Shoppen und schaue mir lieber einen Dokumentarfilm an. Dafür brauche ich keine Walkingschuhe, sondern nur die Fernbedienung und eine Tüte Paprikachips. Außerdem: Ich habe hier meine Ruhe, bis Anne wieder zurück ist. Und ich kann Ihnen sagen, das kann manchmal dauern …

Anne

Warum Frauen ihr Auto »Schnucki« nennen ...

Das Verhältnis zwischen Frau und Auto hat sich gewaltig verändert. Während es früher nur wenige Zweitwagen gab, gibt es heute unglaublich viele Autobesitzerinnen. Nicht nur im großen China, sondern auch im kleinen Holland tragen wir Frauen inzwischen erheblich dazu bei, den klimaschädlichen CO_2-Ausstoß voranzutreiben.

Allerdings – zumindest das muss man uns lassen – bei Weitem nicht so sehr wie Männer. Erstens fahren Frauen seltener Trucks. Zweitens verbraucht ein typisches Frauenauto rund fünf Liter auf hundert Kilometer – eine Männerkarre schafft aber locker das Dreifache.

Frauen haben ein sehr persönliches Verhältnis zu ihrem Auto. Sie sind überzeugt davon, dass auch »Dinge« eine Seele haben – ganz gleich, ob Stofftier, Handtasche, Haus oder Auto. Sagt eine Frau, dass ihr »kleiner Süßer« um die Ecke steht, ist damit selten ihr Sprössling, sondern meist der Kleinwagen gemeint. Den nennt sie dann gerne Schnucki, Flitzerchen, Speedy oder Brummelchen.

Unbewusst wählen Frauen die Verniedlichungsform, denn die hat zwei Vorteile: Zum einen schafft sie auch bei eher technikfernen Frauen Vertrauen. Zum anderen macht das, was süß und niedlich ist, einem keine Angst mehr. Selbst Brummis verlieren da ihren Schrecken.

Den meisten Frauen ist Autofahren auch heute noch unheimlich – vor allem nachts oder beim Einparken. Lieber hätten wir eigentlich ein Pony. Das Problem ist nur, dass beim Pony die Kindersitze immer so schlecht halten. Außerdem gibt es keinen Rückspiegel und somit auch keine Möglichkeit, das Makeup zwischendurch mal zu kontrollieren. Und da wir Frauen zu Hause ohnehin schon einen Esel sitzen haben, verzichten wir lieber aufs Pony und kaufen uns einen Minicooper, denn auch der hat ja etwas Kuscheliges, vor allem wenn man ihn Schnucki nennt.

... und Männer lieber schlicht Ferrari fahren

Ob Männer oder Frauen – wenn's ums Auto geht, spinnen beide.

So spinnen Frauen:

Frauen gehen auf Kuschelkurs – sie wollen das Auto nicht fahren, sie wollen es »süß finden«. Das Auto ist ein Freund, mit dem man gemeinsame Abenteuer erlebt: Der Abend in Nizza, der Beaujolais, der Vollmond, die abendliche Sommerbrise auf der Haut, nachts noch schnell nackt baden und dann in seinen kleinen Peugeot steigen, das Radio anmachen und Whitney Houston hören – alles eine Einheit, ein Gesamterlebnis. Das Auto wird zum zweiten Wohnzimmer: Pfefferminzbonbons, der indianische Talisman am Rückspiegel, Kekskrümel, leere CD-Hüllen, die kaputte Lesebrille, Strandmatten und Sand auf dem Rücksitz – ein schönes Nest. So kuschelig halt.

Und so spinnen Männer:

Wenn Männer zu sehr lieben – dann wohl ihr Auto. Plötzlich lernen sie zuzuhören und erkennen, dass das Geräusch vom Vergaser kommt. Sie waschen, wachsen, ölen und tanken ihr Auto, fahren es spazieren und investieren mächtig. Ein Bekannter von mir hat sein ganzes Erbe in einen Sportwagen gesteckt – das Geld sollte eigentlich für die gemeinsame Wohnung angelegt werden, und seine Frau hätte ihn fast verlassen. Männer opfern ihrem Auto so viel Zeit, dass Frauen auf Affären aus Blech oft gereizter reagieren als auf Liebeleien aus Fleisch und Blut. Richtig schlimm wird's, wenn Autonarren sich zusammentun: Oldtimer-Klubs, Ferrari-Klubs, ja sogar Opel-Klubs gibt es.

Frauen kuscheln, und Männer protzen mit ihrem Auto. Dabei soll das Ding ja nur eines können: uns von A nach B bringen.

Anne

Warum Frauen Telefonmarathons lieben …

Früher war Telefonieren mal ein teurer Spaß. Doch dann kam irgendwann ein Telekommunikationsexperte auf die Idee, die Flatrate zu erfinden. Wahrscheinlich konnte er die horrenden Telefongebühren, die ihm seine Ehefrau verursachte, nicht länger ertragen. Die Flatrate ist eine glorreiche Erfindung, denn sie rettet viele Ehen. Schließlich wissen wir, dass Frauen ihr Telefon genauso liebhaben wie Männer ihre Autos. Warum wir aber mit solcher Leidenschaft oft viele Stunden am Telefon verbringen, ist allen Männern und wohl auch so manch einer Frau ein Rätsel.

Dabei ist die Antwort ganz einfach: Telefonmarathons haben bei Frauen nie den Sinn, einfach nur langweilige, nackte Fakten auszutauschen. Frauen denken in größeren Zusammenhängen: Es geht um soziales Networking (auch wenn Männer das mitunter gemeinerweise als »Klatsch« bezeichnen).

Eine Aussage wie »Peter geht es schlecht« sagt eigentlich gar nichts aus. Vor allem wenn wir mit einer guten Freundin telefonieren, will die schon etwas mehr wissen. »Warum geht es Peter schlecht? Hat sich Sophie eigentlich wirklich nur wegen dieser dummen kleinen Affäre von ihm getrennt? Ach genau – und wie hieß die Kleine doch noch mal, und ist die wirklich Model, bei der Figur?«

Ein Telefonat ist kein Telegramm. Wir Frauen lieben es, zu kommunizieren – und das heißt auch, dass wir Details austauschen und uns einen Eindruck von der gesamten Situation machen wollen. Und dann ist Telefonieren ja immer auch ein bisschen wie Therapie. Eine Art Gesprächstherapie. Aber mit dem Vorteil, dass wir auch ungeschminkt im Pyjama am Telefon hängen können.

Allein schon dadurch, dass wir über unsere Ängste und Probleme sprechen, verlieren diese an Gewicht. Und was macht es da schon, wenn das Ganze mal etwas länger dauert – billiger als die Therapiestunde wird es auf jeden Fall …

… und Männern die Kurzfassung reicht

Eine Telefongesellschaft, die ich an dieser Stelle nicht namentlich nenne, da sie auch ohne Schleichwerbung schon genug verdient, wollte es vor Kurzem etwas genauer wissen: Was ist dran an dem Mythos, dass Frauen sehr viel häufiger unter Telefonitis leiden als Männer? Die Umfrage ergab: 81 Prozent der Männer telefonieren kürzer als fünf Minuten. Umgekehrt hängen 64 Prozent der Frauen länger als eine halbe Stunde an der Leitung. Da haben wir's!

Haben wir Männer einfach weniger Zeit? Müssen wir mehr arbeiten? Immerhin haben die meisten Männer das Gefühl, dass lange Telefonate reine Zeitverschwendung sind. »Ich komme heute eine Stunde später. Bis dann.« Das müsste als Info doch wohl reichen. Gibt es nicht Wichtigeres zu tun, als soziale Netze zu knüpfen? Zum Beispiel Firmen zu gründen, an die Börse zu gehen und anschließend den Bankrott zu verkraften?

Was machen Frauen nur immer so lange am Telefon? Aus den Satzfetzen, die wir aufschnappen, werden wir nicht schlau: »Aber Susanne sagt doch immer …«, »… das ist derzeit bei Tchibo im Angebot …«, »… die ganze Woche soll aber ziemlich schlechtes Wetter sein …« Was Susanne sagt, kann doch wohl nicht so wichtig sein. Und was Tchibo-Angebote und Wetterberichte betrifft, könnte man die mit ein paar wenigen Klicks im Internet abrufen. Und vor allem kann es doch wirklich nicht so lange dauern, diese Informationen auszutauschen.

Aber wir wollen nicht ungerecht sein. Genau genommen neigen nämlich auch Männer zur Redseligkeit, jedoch eher am Handy, wenn es nämlich um »Geschäftliches« geht – und dann wird es richtig teuer. Oder aber am Stammtisch, wo das dazu passende Stammtischniveau für seichte Unterhaltung und jede Menge Bier sorgt. Alkoholisiert nach Hause zurückgekehrt, gibt der Mann seiner Frau dann jedoch wieder Anlass, ihr Herz bei ihrer Freundin auszuweinen – und zwar am Telefon, versteht sich.

Anne

Frauen lieben Männer im Designeranzug ...

Ich kann nichts dafür, es ist wohl so eine Art Reflex: Egal, ob an der Riviera oder im Einkaufszentrum – wann immer ich einen Mann sehe, der mit Tennissocken in Sandalen herumschlurft, ein zu oft gewaschenes T-Shirt, khakifarbene Hosen vom Discounter und eine hellgrüne Windjacke trägt, muss ich einfach wegsehen. Woran liegt es nur, dass Frauen mehr Sinn für Mode haben und es so schwer ertragen, wenn Männer nicht das geringste Gefühl für Farben, Stoffe oder gar Kombinationen haben? Frauen liegen Themen wie Ästhetik, Stil und Schönheit offenbar mehr am Herzen. Vor allem mit der Schönheit hatten es ja schon die Frauengestalten der Mythologie – Venus, Aphrodite, aber auch Gaia, die Urmutter und Göttin der Erde.

Im Allgemeinen ist die Frau wohl erdverbundener als der Mann. Und Erde und Natur sind nun einmal schön, was man von sechsspurigen Autobahnen, Plattenbauten oder Kohlekraftwerken nicht sagen kann. Und wer entwirft und baut solche Ungetüme? Männer. Und zwar vermutlich die mit den hellgrünen Windjacken.

Doch Männer können sich durchaus auch schick und lässig kleiden. Und manche tun das ja auch. Nicht alle davon sind Schöngeister, Filmschauspieler oder Modedesigner. Eine coole Jeans, ein schickes Hemd, ein edles Sakko und ein paar italienische Halbschuhe würden schon ausreichen, um Typen im Schmuddellook in vorzeigbare Männer zu verwandeln. Ein gut gekleideter Mann zeigt, dass er nicht nur über den nötigen Geschmack, sondern auch über das nötige Kleingeld verfügt.

Doch Vorsicht: Verbiegen lassen sich Männer nur ungern – und auch wenn Modeberaterin ein spannender Job ist, gibt es doch nur wenige freie Stellen. Im Zweifelsfall trennt sich ein Mann lieber von seiner Frau als von seiner Bequemlichkeit. Und bevor es zum Dauerstreit kommt, sollten Sie dann doch lieber mit ihm zum Grillen als ins Theater gehen – da braucht er wenigstens kein Sakko.

Jan

... obwohl Männer in Jeans und Sweatshirt glücklich sind

Moment mal: Ich dachte immer, es wären die Männer, die zu sehr auf Äußerlichkeiten achten statt auf innere Werte. Doch wenn es ums Outfit geht, übertreffen Frauen uns in puncto Oberflächlichkeit noch um einige Nasenlängen.

Dabei müsste doch klar sein, dass Männer keine Modepüppchen sind. Oder haben Sie Tarzan schon mal im Armani-Anzug gesehen? Alles, was wir brauchen, um glücklich zu sein, sind ein paar Jeans, ein paar bequeme T-Shirts für den Sommer und Sweatshirts für die kalte Jahreszeit. Zugegeben – das hat sehr wenig mit Mode und sehr viel mit Bequemlichkeit zu tun. Aber Männer, die schon im Job ständig von Dresscodes gegängelt werden, wollen sich wenigstens in den eigenen vier Wänden wohlfühlen dürfen.

Was das betrifft, habe ich gottlob eine tolerante Frau. Doch wehe, wenn wir außer Haus gehen – dann lässt Anne mich nicht ohne Sakko auf die Straße. Und wenn ich trotzdem auf meinem T-Shirt beharre und das Edelboutiquehemd, das sie mir zu meinem letzten Geburtstag geschenkt hat, standhaft verweigere, rümpft auch sie schon einmal ihr Näschen.

Und wer ist schuld an dem ganzen Dilemma? Richard Gere, Tom Cruise, Russell Crowe und alle James Bonds dieser Welt – ganz gleich, ob Sean Connery, Roger Moore oder Daniel Craig. Die ganze Hollywood-Maschinerie hat nichts Besseres zu tun, als sich ins rechte Licht zu rücken und uns Normalgekleideten ein schlechtes Gewissen zu machen. Am schlimmsten aber sind die Modedesigner, die uns alle in alberne Lackaffen verwandeln wollen.

Und eines dürfen Frauen bei aller Liebe zum Dressman nicht vergessen: Ein Billiganzug von der Stange sieht an Al Pacino immer noch klasse aus, während selbst ein maßgeschneiderter Designeranzug an den meisten Männern eher bescheiden wirkt. Und was lernen wir daraus? Ganz einfach: Der Inhalt ist doch wichtiger als die Verpackung ...

Warum manche Frauen lieber Geliebte sind ...

Moderne Frauen stehen zu ihren Bedürfnissen. Sie können flexibel auf unterschiedlichste Situationen reagieren und lieben Geheimnisse. All das sind gute Voraussetzungen für eine Geliebte. Außerdem ist heute erlaubt, was gefällt. Lernt eine Frau einen charmanten Mann kennen, ist es nicht immer ein Hinderungsgrund, wenn er schon »in festen Händen« ist.

Meine Freundin Marianne gestand mir neulich, schon seit Längerem eine Affäre mit einem verheirateten Mann zu haben. Offensichtlich geht es ihr sehr gut damit. Kein Wunder, denn sie hat eine anstrengende Beziehung samt schmerzhafter Trennung hinter sich. Außerdem ist der Neue, wenn auch verheiratet, so doch sehr einfühlsam, liebevoll und erotisch anziehend. Er überrascht Marianne regelmäßig mit Wochenendtrips nach Barcelona, bringt Rosen mit und ist mit Leib und Seele bei der Sache. »Das ist doch viel besser, als Ehefrau zu sein«, sagt Marianne. »Ich habe immer das Gefühl, etwas ganz Besonderes für ihn zu sein.«

Als »Geliebte« – das Wort sagt ja alles – können Frauen es genießen, begehrt zu werden. Sie können ihre Unabhängigkeit bewahren und werden immer seine »Süße« und nie seine »Alte« sein.

Nur einen Fehler dürfen Geliebte nicht machen: darauf zu hoffen, dass er seine Ehefrau verlässt und sie deren Stelle einnehmen kann. Wozu auch? Wird die Rolle der Geliebten frei, muss sie schließlich bald neu besetzt werden – und das war's dann mit Barcelona.

… und Männer immer die Nummer eins sein wollen

Männer, das zeigen jedenfalls viele psychologische Studien, haben mit der Treue so ihre Probleme. Vor allem dann, wenn ihre Beziehung schon ein paar Jährchen auf dem Buckel hat und sich im Schlafzimmer langweilige Routine breitmacht, sehnen sich Männer wieder nach prickelnder Erotik. Viele würden sich dann gerne eine Zweitfrau zulegen – auch die, die mit dem Islam sonst nichts am Hut haben. Eine Dreiecksbeziehung verleiht Männern das Gefühl, wieder begehrt und attraktiv zu sein, und hebt ihr Selbstbewusstsein. Allerdings gilt das nur so lange, wie das Dreieck aus zwei Frauen und einem Mann – nämlich ihm – besteht.

Der Kombination aus zwei Männern und einer Frau können die meisten Männer höchstens noch im Sexfilm etwas abgewinnen. Im wirklichen Leben will der Mann die Nummer eins sein. Der Platzhirsch, der keinen Zweiten duldet – schon gar keinen Nebenbuhler.

Männer sind leistungsorientiert. Sie sind darauf programmiert, gewinnen zu müssen. Auf dem Siegerpodest wollen sie ganz oben stehen – alles oder nichts! Männer sind als »Zweitmann« somit völlig unbrauchbar. Auch fehlt es ihnen an Anpassungsvermögen und Offenheit. Und da sie sich selbst wichtiger nehmen als alles andere (jeden anderen), sind sie notorisch eifersüchtig. Eine fest liierte Frau, die ein Verhältnis mit einem jungen Lover eingeht, muss daher damit rechnen, dass aus einem romantischen Schäferstündchen ganz schnell eine Frage-und-Antwort-Stunde wird: »Wer ist der bessere Liebhaber? Was hat er, was ich nicht habe? Warum trennst du dich nicht endlich von ihm?«

Männer können aber nichts dafür. Für jemanden, der seinen Genen optimale Entfaltungsmöglichkeiten bieten möchte, ist eine verheiratete Frau mit drei Kindern uninteressant. Mit jungen, kinderlosen Frauen sieht es jedoch anders aus: Da lohnt sich der Versuch, sie dem anderen auszuspannen, allemal …

Anne

Warum Frauen Sockenberge hassen ...

Männer finden BHs, Unterhosen und Söckchen an Frauen oft recht erotisch. Ich kann das nicht immer nachvollziehen, denn von einigen stilvollen Dessous einmal abgesehen, stapeln sich ja auch jede Menge Liebestöter in den Miederabteilungen der Warenhäuser. Noch schlimmer als Frauenunterwäsche aber sind Männerslips oder gar Unterhemden in Feinripp. Wenn überhaupt, dann wirken die nur an muskulösen, braungebrannten Models auf den Werbeplakaten. Spätestens aber, wenn es um Männersocken geht, ist es mit der Erotik aus und vorbei – da helfen auch keine Muskeln mehr.

Meine Freundin Jule erzählte mir neulich von einem kleinen Abenteuer mit einem wohlhabenden, aber eher unattraktiven Mittvierziger. Das Ganze war wohl alles in allem ein ziemlicher Flop, und ein Satz von Jule ist mir besonders in Erinnerung geblieben: »Stell dir vor, der hat beim Sex noch nicht einmal die Socken ausgezogen ...«

Männersocken sind Funktionswäsche. Zur »Reizwäsche« werden sie nur, wenn sie achtlos in die Ecke geworfen werden, wo sie sich mit der Zeit zu einem Berg auftürmen, der weder schön aussieht noch gut riecht. Gereizte Frauen überlegen dann, wofür sie eigentlich den Wäschekorb im Bad stehen haben.

Der wahre Grund, warum Frauen sich an Socken auf dem Parkett stören, ist jedoch weder hygienischer noch ästhetischer Natur. Vielmehr gehört es zu den undankbarsten Tätigkeiten einer jeden Mutter, Kammerzofe für ihren Nachwuchs zu sein. Kinderkleider kaufen, waschen, aufhängen, bügeln, falten und dann ständig hinter den Kleinen herräumen, das alles reicht schon mehr als genug. Auf einen Mann, der in dieser Hinsicht einen Mutterersatz braucht, können wir da als Frauen sehr gut verzichten.

So wenig Lust wir darauf haben, unserem Partner ein Lätzchen umzuhängen, bevor es ans Abendessen geht, so wenig Lust haben wir, seine Muffelsocken zu suchen, zu finden und aufzuräumen. Wir sind doch nicht im Kindergarten!

... und Männer Netzstrumpfhosen lieben

Ich oute mich jetzt mal: Ich finde Netzstrumpfhosen ganz schön sexy. Damit stehe ich keineswegs allein da, denn viele Männer lieben Dessous. Und neben Höschen und BHs aus Samt und Seide gehört die gute alte Netzstrumpfhose zu den Verkaufsschlagern aus der Reizwäscheabteilung. Zugegeben – Netzstrumpfhosen wärmen nicht sonderlich und sind auch nicht biologisch abbaubar. Zur Geltung kommen sie nur am nackten Bein, also mit oder ganz ohne Minirock. Schon eine einzige drübergezogene Jeans reicht aus, um einem den Spaß zu verderben.

Im Gegensatz zu Gummihandschuhen gehören Netzstrumpfhosen nicht in die Kategorie »Fetisch«, sondern sind ganz normale Dessous. Letztlich geht es den Männern nur darum, mit ihrer benetzten Partnerin zu schlafen, während richtige Fetischisten lieber mit der Strumpfhose als mit ihrer Liebsten kuscheln. Ich finde Netzstrumpfhosen völlig okay. Die Krankenschwesternkluft ist zu teuer, die Polizeiuniform zu aufdringlich – bei Rollenspielen sollte man zudem nicht übertreiben.

Natürlich gibt es Frauen, die nie und nimmer Netzstrumpfhosen anziehen würden. Warum nur? Vielleicht weil sie sich dann wie ein Rollbraten fühlen. Na und? Schließlich ist mir ein Rollbraten immer noch lieber als graue Wandersocken oder lange, braune Kniestrümpfe, in denen nur selten saftiges Fleisch, sondern in aller Regel ein behaartes Männerbein steckt. Doch das geht alles am Wesentlichen vorbei. Netzstrümpfe sind ja vor allem zum Anziehen des Männerblicks und dann zum Ausziehen. Wenn's dann immer noch wie ein Rollbraten aussieht – okay, dann kann man ja noch einmal drüber nachdenken.

Es ist auch nicht etwa so, dass ich völlig auf Netzstrümpfe fixiert bin. Aber Dessous, die Appetit machen, sind allemal besser als Liebestöter, bei denen es einem den Magen umdreht. Beim Essen wie in der Liebe gilt eben: Das Auge isst mit ...

Anne

Frauen schätzen reifere Liebhaber …

Wer Trauben isst, bevor sie reif sind, bekommt Bauchweh. Bei Trauben ist es aber nur eine Frage von wenigen Wochen, bis sie reif und süß werden. Bei Männern ist das anders: Süß sind sie zwar schon in jungen Jahren (vor allem, wenn sie jünger als sechs Jahre sind), mit der inneren Reife dauert es dann aber locker noch ein paar Jahrzehnte.

Jüngere Männer haben mich nie besonders gereizt. Als ich siebzehn war, hatte ich einen gleichaltrigen Freund. Mit zwanzig habe ich mir dann einen Vierundzwanzigjährigen und mit vierundzwanzig einen Fünfunddreißigjährigen geangelt, mit dem ich übrigens immer noch zusammenlebe. Falls ich Jan jemals verlassen sollte, werde ich nach einem Mann über siebzig Ausschau halten – der ist als Vaterersatz optimal, hat kein Interesse mehr an Nachwuchs, und wir können schön in Urlaub fahren, am besten in einen Luftkurort …

Doch Spaß beiseite. Ältere Männer können jungen Frauen einiges bieten: Lebenserfahrung, finanzielle Sicherheit, ein offenes Ohr. Milchbärte wollen hingegen immer nur Sex – wenn auch nur kurz, da ihre Erregungskurve bedingt, dass zwischen »Ich hab Lust« und »Ich bin fertig« nicht mal fünf Minuten vergehen. Danach tippen sie wieder nervös auf ihrem Laptop herum und bereiten die Präsentation für ihr Start-up-Unternehmen vor. Junge Männer sind unruhig: sie wollen Karriere machen und ganz hoch hinaus.

Mit vierzig oder spätestens fünfzig gibt sich das. Dann tritt bei Männern so etwas wie Gelassenheit ein. Sie werden zu Genießern, und da sie körperlich noch fit sind, haben sie noch viel Zeit, um zu genießen – beispielsweise den Sex mit ihrer jungen Geliebten.

Natürlich sollte man's nicht übertreiben. Wenn der ältere Gentleman ein fideler Neunzigjähriger ist, kann man damit rechnen, dass die Heiterkeit nicht mehr allzu lange währt. Obwohl: Als lustige Witwe kann es ja auch ganz heiter werden. Aber es kommt dann doch immer anders, als man denkt …

… während Männer immer wieder auf unreife Früchtchen hereinfallen

Wenn Männer nach langer Zeit wieder ein Bier trinken gehen, gibt es viel zu erzählen. So war das auch mit Henrik, der nach dem Studium in die USA gegangen war. Seitdem war der Kontakt abgebrochen. Aber dann musste er geschäftlich nach Amsterdam, wir trafen uns, und er erzählte mir seine Geschichte. Er hatte eine Computerfirma gegründet und verdiente viel, viel Geld. Mit 35 heiratete er seine 22-jährige Sekretärin. Drei Jahre später war die ehemalige Sekretärin eine ehemalige Gattin, mit einem wunderschönen Apartment in Manhattan, das sich Henrik anlässlich der Hochzeit gekauft hatte. Nie wieder, schwor er sich. Aber auch ein enttäuschter Mann sehnt sich hin und wieder nach einem liebevollen Weibchen. Zeit für langwierige Balzrituale hatte er aber nicht. Und als er seinen 50. Geburtstag nur mit zwei männlichen Mitarbeitern in seinem Penthouse in New York feierte, überkam ihn ein wenig Panik. Es musste sich etwas ändern. Also begann er, sich mühsam etwas Zeit freizuschaufeln und in Klubs zu gehen. Henrik hatte Geld und sah gut aus, war charmant und unterhaltsam – und so dauerte es nicht lang, bis er sich wieder verliebte. Wieder war das Mädel nur knapp über 20. Vier Monate später wurde eine aufwendige Hochzeit in Hawaii gefeiert. Es war wirklich Liebe! Diesmal zwei Jahre lang. Und Henrik war wieder sein neues Apartment los.

Mein alter Kumpel lamentierte noch ein wenig herum, und wir zogen weiter in eine nette Bar. Während ich noch überlegte, wie ein intelligenter Mann wie Henrik gleich zweimal die gleiche Blödheit begehen konnte, wurde mein Freund nach ein paar Drinks immer entspannter. Sein Blick schien von den Amsterdamer Meisjes magisch angezogen zu werden, und schon bald kam er mit einer jungen Dame ins Gespräch. Wenig später verabschiedeten sich die beiden kichernd. Ich warte auf die Einladung zur Hochzeit.

Anne

Warum Frauen Horoskope lieben …

Sicher sind viele Horoskope nicht gerade tiefsinnig. Aber wer weiß – vielleicht kann man ja trotzdem einiges daraus lernen. Ich kenne jedenfalls keine Frau, die nicht gern mal einen Blick in ihre Zukunft wirft. Mit mangelnder Bildung hat das Interesse an den Sternen übrigens nichts zu tun: ob Juraprofessorin, Gefäßchirurgin, Schachmeisterin oder Managerin einer Einzelhandelskette – viele gebildete Frauen, die ich kenne, lesen trotzdem gerne mal »Freundin« oder »Cosmopolitan«, und sie alle blättern dabei auch schnell zum Horoskop.

Männer haben wenig Verständnis für Astrologie, denn was sie nicht beeinflussen können, das wollen sie nicht glauben. Vielleicht interessieren sie sich auch einfach nicht dafür, wenn das Horoskop vor Problemen in der Partnerschaft warnt. Soweit ich weiß, ist es den meisten Männern ziemlich egal, ob ihre Partnerin Waage, Steinbock oder Fisch ist – höchstens mit »Jungfrau« kann man bei ihnen punkten, doch mit Astrologie hat das dann meistens nichts zu tun.

Dabei geht man doch beruhigter in den Tag, wenn im Horoskop stand: »Diese Woche läuft alles wie geschmiert für Sie.« Das Schöne ist ja, dass man nie lesen muss: »Vergessen Sie's. Diese Woche können Sie abhaken. Kaufen Sie sich einen Strick.« Im Gegensatz zu den immer miesen Nachrichten sind Horoskope immer positiv. Und auch im Liebeshoroskop habe ich mir schon so manche Anregung geholt. Ob es nun heißt: »Lassen Sie Ihrem Liebsten auch Mal Zeit zum Rückzug« oder: »Heute kann es in der Liebe heiß werden …« ist ja egal. Beides sind gute Tipps.

Männer sehen das viel zu eng. Schließlich will man doch nur einen guten Rat und nette Unterhaltung. Bei Männern müssen es am besten gleich die nächsten Lottozahlen sein …

... und Männer lieber Börsenkurse im Wirtschaftsteil studieren

Wer sein Geld anlegen will, ist gut beraten, sich dabei nicht auf die Sterne zu verlassen. Börsenanalysten und Anlageberater beobachten die Kursentwicklung sehr genau – und obwohl ich meinen Spaß daran habe, die Kurse im Börsenteil von F.A.Z. oder Handelsblatt zu überfliegen, würde ich mich eher auf einen Profi verlassen, wenn ich überhaupt so viel Geld besäße, dass sich das lohnen würde. So jedenfalls habe ich die Sache noch gesehen, bevor es zum globalen Finanzcrash kam, den kein Finanzexperte vorausgeahnt hat. Und wie es aussieht, hätten viele meiner Freunde mehr Glück gehabt, wenn sie auf die Sterne statt auf Investmentfonds gesetzt hätten. Haben Frauen also doch den besseren Riecher, wenn sie lieber Horoskope als Börsenkurse zu Rate ziehen?

Kürzlich habe ich von einem interessanten Experiment gelesen, an dem eine Finanzastrologin, ein erfahrener Börsenanalyst und ein vierjähriges Mädchen teilnahmen (Richard Wiseman, 2007). Jeder Teilnehmer bekam ein fiktives Guthaben von 5000 Pfund, das er bei den 100 größten Unternehmen Großbritanniens anlegen durfte. Die Finanzastrologin studierte die Sterne und der Investmentbanker die Zahlen, während das Mädchen nach Lust und Laune aus 100 kleinen Papierfetzen mit Namen von Unternehmen vier herauszog. In der Woche, in der das Experiment stattfand, gab es einen kleinen Börsencrash, sodass jeder Teilnehmer Geld verlor. Doch während der Verlust des Mädchens nur bei 4,6 Prozent lag, hatte der Profiinvestor 7,1 Prozent verloren. Und die Finanzastrologin? Sie hatte den größten Verlust eingefahren – satte 10,1 Prozent.

Meine Frau liebt Horoskope – aber so weit, unser Hab und Gut gemäß himmlischer Prophezeiungen anzulegen, geht sie gottlob nicht. Dafür sehe ich meinerseits davon ab, unser Geld nach den Erkenntnissen meiner »Studien« im Börsenteil anzulegen. Und so hat unser Mangel an Dickköpfigkeit uns beiden bisher einige finanzielle Katastrophen erspart.

Anne

Frauen kuscheln gerne …

Als ich knapp vier Jahre alt war, durfte ich kuscheln, mit wem ich wollte. Abwechselnd schnappte ich mir also Mama, Papa, meinen kleinen Bruder oder Sammy, den Teddybären. Für mich war Zärtlichkeit schon damals das höchste der Gefühle, und niemand beschwerte sich darüber – am wenigsten Sammy. Heute ist das anders: Mit knapp vierzig ist Kuscheln für mich zwar immer noch wunderbar, aber Jan reagiert mitunter recht reserviert, wenn ich ihn um eine kleine Rückenmassage bitte.

Warum nur werde ich das Gefühl nicht los, dass die meisten Männer Streicheln eigentlich bloß als lästige Aufwärmübung ansehen? Dass sie lieber gleich Gas geben würden, statt den Motor lange warmlaufen zu lassen? Zwar warten Millionen von Sinneszellen auf rund anderthalb Quadratmeter Hautoberfläche sehnsüchtig auf Stimulation, doch der Körperkontakt, den Männer brauchen, scheint sich lediglich auf den Umfang ihrer einzigen erogenen Zone zu beschränken – und da hat selbst der Teddy Sammy mehr Kuschelfläche zu bieten.

Was uns Frauen betrifft: Wir können (wenn's unbedingt sein muss) auch ohne Sex lustig sein. Umgekehrt aber sicher nicht ohne Berührungen. Ohne Warmkuscheln wird Sex zur Pflichtübung. Im Gegensatz zu Männern werden Frauen nämlich vom »Liebhabhormon« Oxytocin gesteuert. Oxytocin erleichtert die Geburt, fördert die Milchbildung und die Mutter-Kind-Bindung – und sorgt auch in der Beziehung für mehr Nähe und Wärme.

Eine Frau braucht das Gefühl, geborgen zu sein. Und wenn ihr Mann das nicht hinkriegt, landet sie wohl irgendwann bei einem anderen Bärchen, das dann aber nicht immer aus Stoff sein wird. Allen Schmusemuffeln unter den richtig harten Männern sei daher abschließend folgende einfache Regel ans Herz gelegt: Für eine Frau beginnt Sex im Herzen – oder wenigstens auf der Haut.

Jan

... und Männer wollen zur Sache kommen

Frauen gehen in den Yogakurs, Männer zum Fußball. Und warum? Weil Männer zielgesteuerter sind – sie wollen den Ball in den Kasten bringen, koste es, was es wolle. Die Begeisterung fürs Ganzheitliche ist bei Männern eher selten. Und auch dass der Weg das Ziel sei, ist für Frauen leichter zu verstehen. In einer Umfrage gaben über siebzig Prozent von ihnen an, »sehr großen Wert« darauf zu legen, dass der Partner sich Zeit für ihre erogenen Zonen nimmt. Und da Frauen praktisch ganzflächig aus erogenen Zonen bestehen, ist das ein hartes Stück Arbeit.

»Vorspiel?«, fragen sich viele Männer. »Was war das doch gleich?« Nach der Eroberungsphase verschwindet das Wort still und heimlich aus ihrem Vokabular. *Vor* dem Sex zu schmusen, das ginge ja noch, aber auch noch danach? Haben Männer ihr Ziel erreicht, wollen sie schlafen. Schon in der Steinzeit hatten Männer wenig Zeit zum Kuscheln. Sie mussten jagen (die Familie versorgen), essen (sich selbst versorgen), Sex haben (den Nachwuchs sichern) und sich dann schnell aufs Ohr hauen.

Immerhin können sie sich nicht nur auf Steinzeitmärchen, sondern auch auf knallharte neurologische Fakten berufen: Ihr Hypothalamus, Sexzentrum des Gehirns, ist größer als bei Frauen – und sogar größer als bei Homosexuellen. Ihr Testosteronspiegel übersteigt den ihrer Partnerin locker um das Zehnfache. Mit Kuscheln kommt er da nicht weit.

Doch es gibt Hoffnung: In Yoga- und Massagekursen steigt der Anteil der Männer kontinuierlich. Gleichzeitig sinkt der Anteil jener, die nicht damit aufhören können, Tarzan sein zu wollen. Viele von uns entdecken zunehmend ihre weiblichen Seiten und können auch mal ihren Sohn auf den Schoß nehmen oder das Baby wickeln, ohne rot zu werden. Und manche schmusen sogar gelegentlich mit ihrer Frau. Falls Ihr Partner nicht dazugehört, sollten Sie ihm die Entdeckung der Sinnlichkeit erleichtern: Verwöhnen Sie ihn doch mal mit einer ausgiebigen Rückenmassage oder noch besser mit einer Body-to-Body-Thai-Massage.

Anne

Frauen wollen einfach nur entspannt Urlaub machen

Wann, bitte schön, soll eine Frau sich mal richtig erholen, wenn nicht im Urlaub? Der Alltagsstress, der Spagat zwischen Job und Familie, Büro und Teflonpfanne, die »Mädchen-für-alles-Rolle« oder auch die Notwendigkeit, Kinder mehr oder weniger alleine erziehen zu müssen – all das zehrt gehörig an den Nerven. Bis die Urlaubszeit endlich naht, bewegen sich viele Frauen daher bereits am Rande des Burn-outs. Und was sie dann am wenigsten brauchen, ist ein Survivaltrip im Himalaja. Auch ist jetzt sicher nicht die Zeit, den Motorradführerschein nachzuholen, sich für eine Wildwasser-Kajaktour anzumelden oder auch nur im Robinson-Club nachzufragen, ob der Fitness-Instructor auf Ibiza noch genug Termine frei hat.

Mein Idealbild vom Traumurlaub deckt sich wohl mit dem der meisten Frauen: ein bequemer Liegestuhl, ein Sonnenhut, ein Strohhalm, der in einem Glas voll Maracujasaft schwimmt, das Spiel der Wellen im Blick, das Rauschen des Meeres im Ohr und dicke weiße Sonnencreme auf der Nase. Um sich zu entspannen, neue Kräfte zu tanken und den Nerven die dringend benötigte Erholungszeit zu gönnen, genügt das vollkommen.

Und was den Urlaubsbegleiter betrifft – das kann auch einfach nur ein schönes, romantisches oder von mir aus spannendes Buch sein. Im Gegensatz zu einem Partner, dem wir dauernd den Rücken eincremen oder Bier von der Strandbar holen sollen, ist ein Buch wenigstens anspruchslos. Auch kann man es mal unbeachtet irgendwo liegen lassen, ohne dass es deshalb gleich zum Ehekrach kommt.

Sicher, Männer wollen im Urlaub lieber auf dem Rennrad sitzen, Freiklettern oder Hochseefischen. Sollen sie ruhig – aber bitte ohne uns. Ein überaktiver Mann, der seiner Partnerin den Urlaub versaut, muss sich am Ende nämlich mit dem Hai an der Angel begnügen. Und der ist nicht nur deutlich bissiger als seine Süße, er wird ihm auch nie und nimmer ein Bier von der Bar holen.

Männer wollen die schönste Zeit im Wohnmobil oder auf dem Motorrad verbringen

Sowohl bei der Erziehung von kleinen Jungs als auch im Zusammenleben mit Männern gilt: Frauen sollten wissen, dass in jedem Mann immer auch ein Forscher und Abenteurer steckt. Der Drang, Neues zu erleben, kommt im modernen Arbeitsleben viel zu kurz. Egal, ob Ihr Mann Steuerfachangestellter, Gabelstaplerfahrer oder Pizzabäcker ist – so richtig spannend sind die meisten Jobs nicht. Aufbruchstimmung ist selten gefragt. Stattdessen herrscht graue Routine.

Kein Wunder also, dass Männer in der schönsten Zeit des Jahres endlich mal was erleben wollen. Leider bestehen manche Frauen darauf, mit ihrem Liebsten alljährlich nach Mallorca zu fliegen. Allerdings dürfen sie sich dann nicht wundern, wenn ihr Gatte sich plötzlich in einen Ballermann verwandelt – denn nur am Strand rumzuliegen, ist viel zu langweilig: Das hält man nur unter Alkohol aus.

Erlebnisurlaub geht aber auch anders: Eine Harley-Genießertour auf der Route 66 führt durch acht US-Staaten und sorgt für jede Menge neue Erfahrungen. Draufgänger können alternativ die Namibia-Off-Road-Enduro-Tour buchen. (Ob Motorradfahren unterm Strich gesünder ist als Alkoholexzesse, wird noch untersucht. Auf jeden Fall aber ist Reisen spannender.)

Doch was, wenn Ihr Partner möchte, dass Sie seine Abenteuerlust teilen? Dann ist das Wohnmobil vielleicht die beste Lösung. Er kann sich darin wie ein Truckerfahrer fühlen und der Zivilisation entfliehen. Und Sie können sich erholen – zumindest dann, wenn Sie sich für den zwölf Meter langen Heavy-Rider mit Flachbildschirm, Eiswürfelmaschine, Whirlpool und Duschkabine entscheiden. Und während Sie tagsüber im Liegestuhl lesen und sich die Sonne aufs Dekolleté scheinen lassen, kann er mit dem Mountainbike zum Gebirgsbach hochradeln, Forellen angeln, sich im Wald verirren und andere richtige Abenteuer erleben.

Anne

Warum Frauen gerne mal Zicken sind …

Wie bitte? Zicken? So etwas kann ja wohl nur ein Mann behaupten.

Aber es stimmt schon: Frauen können richtige Zicken sein, denn sie hören auf ihr Bauchgefühl und reagieren dann spontan. Frauen sind eben nicht wie Esel, die stur ihren Weg entlangtrotten. Sie springen von einem Gefühlszustand zum nächsten, ohne sich über den Abgrund dazwischen zu sorgen – mutig und ohne Angst davor, sich in den Fallstricken der Logik zu verheddern.

Zugegeben: Das ist natürlich nur die eine, eher positive Seite. Frauen können ihr Zickenverhalten nämlich nicht nur als Lebensgefühl, sondern auch gezielt als Waffe einsetzen. Eine Waffe, die viel subtiler und wirkungsvoller ist als Logik und lange Erklärungen.

Gegen Männer setzen wir diese Nahkampftechnik allerdings nur im Notfall ein. Ganz anders, wenn es darum geht, einer Konkurrentin eins auszuwischen. Dann gibt es kein Pardon: Die beiden Zicken schärfen ihre Hörner und prallen aufeinander, dass die Funken nur so sprühen. Selbst Freundinnen werden mitunter zu richtigen Kampfzicken. Ich könnte Ihnen da Geschichten erzählen … Mache ich aber nicht, denn Sie könnten ja ein männlicher Leser sein – und ich möchte lieber nicht alle weiblichen Geheimnisse preisgeben.

Übrigens haben Männer es nicht annähernd so schwer mit zickigen Frauen, wie sie immer tun. Das bisschen Gemecker – was macht das schon? Männer brauchen nicht nur Schmusekatzen, sondern mitunter auch zeternde Zicken, sonst wird es ihnen ja doch nur zu langweilig.

... und Männer oft ganz schöne Esel sein können

Eigentlich bin ich ganz zufrieden damit, ein Mann zu sein. Auch wenn ich zugeben muss, dass wir Männer ziemliche Esel sein können, vor allem wenn es darum geht, Frauen zu verstehen.

Dabei dürfte es ja wohl klar sein, dass man Frauen gar nicht verstehen kann. Jedenfalls nicht wirklich. Aber anstatt auf stur zu schalten und darauf zu beharren, dass eine Frau sich verständlich gibt und klar ausdrückt, könnten wir doch zumindest den Versuch wagen, sie zu verstehen – oder, was weitaus weiser wäre, das weibliche Tun mit Gelassenheit und Heiterkeit nehmen. Gerade auch dann, wenn sie mal wieder die Zicke in sich entdeckt hat.

Ich habe in einer im Großen und Ganzen sehr glücklichen Ehe mit der Zeit gelernt, mich nicht mehr aufzuregen, sondern nur noch zu staunen und Anne zu bewundern, wie sie es immer wieder schafft, jeglicher Logik ein Schnippchen zu schlagen, wie wild von einem Thema zum anderen zu wechseln und dennoch schließlich irgendwo anzukommen (oft sogar dort, wo sie ankommen wollte). Es stimmt schon: Frauen sind manchmal anstrengend und können auch mal kindisch werden. Sie sagt ja und meint nein. Sie will ein Kompliment und ist beleidigt, weil es nicht das richtige war. Sie sagt, dass Termine wie Geburts- und Hochzeitstage im Grunde doch unwichtig seien, und macht ein Riesentheater, wenn man dann tatsächlich mal ohne Geschenk dasteht. Als ausgemachter Esel eben.

Aber was macht das schon? Ich mag Esel. Ich kann mich gut damit abfinden, einer zu sein (oder zumindest ab und an für einen solchen gehalten zu werden). Denn was zeichnet einen wahren Esel denn aus? Mal abgesehen davon, dass er stur sein kann, ist er in erster Linie treu, hat seinen eigenen Charakter und geht auch unter hoher Belastung seinen Weg.

Zicke hin, Esel her – was in der Biologie als unmöglich gilt, klappt bei Mann und Frau bestens: Zicken und Esel in inniger Umarmung.

Anne

Frauen lieben Yorkshireterrier auf dem Schoß …

Ich liebe Katzen. Nicht nur meine eigenen – Maartje und Mica –, sondern auch die, die zwischen den benachbarten Bauernhöfen herumstreunen und dann gerne mal bei uns haltmachen, da sie wissen, dass hier immer ein Schälchen Milch und ein paar Streicheleinheiten auf sie warten.

Katzen sind weich, kuschelig und schmusen gerne. Na – kommt Ihnen das bekannt vor? Genau: Katzen verkörpern typisch weibliche Eigenschaften. Wenn Männer Tiere wären, dann wären sie vielleicht Erdhörnchen, vielleicht auch Murmeltiere oder Borstenschweine – aber sicher nie und nimmer ein Kater!

Doch nicht alle Frauen lieben Katzen. Viele bevorzugen Schoßhunde. Schon Audrey Hepburn setzte ihren Yorkshireterrier Famous gern ins rechte Blitzlicht. Noch immer ist der Yorkshire ein Klassiker. Doch auch Chihuahuas, Jack-Russell-Terrier, Pekinesen oder Sheltis (so nennt man Lassies in Zwergform) sind beliebt. Hauptsache, klein und übersichtlich – und wenn der Hund auch noch in die Handtasche passt: umso besser.

Doggen, Rottweiler und Belgische Schäferhunde kommen da nicht infrage. Und erst recht kein Dobermann, denn da steckt er allzu deutlich drin, der »Mann«. Und hier liegt auch schon des Pudels Kern: Ebenso wenig wie Dobermänner gehören richtige Männer zu den typischen Schmusetieren. Was aber soll eine Frau machen, zu deren Grundbedürfnissen nun einmal Schmusen, Streicheln, Kraulen und Knuddeln zählen? »Kompensation« heißt das Zauberwort: Der Schoßhund ersetzt, was der Partner zu leisten nicht (mehr) in der Lage oder Verfassung ist. Für Schmusemuffel sollte also klar sein: Frauen brauchen Ersatz. Und gleich nach dem Stofftier ist der Schoßhund dabei die harmloseste Lösung. Ein Mann, der nicht will, dass seine vernachlässigte Partnerin ihr Bett alsbald mit einem neuen Liebhaber teilt, ist daher gut beraten, über Haare auf der Bettdecke ebenso großzügig hinwegzusehen wie über die Schlammpfötchen auf dem Autorücksitz.

Jan

... und Männer den Pitbull an der kurzen Leine

Offen gestanden gehört der Pitbullterrier nicht gerade zu meinen Lieblingsrassen. Nicht nur weil er wie ein unartiger Hausschweinmutant aussieht. Mein Problem ist eher, dass es mir schwerfällt, diesen Köter nicht automatisch mit Glatzen, Springerstiefeln und wunderlichen Weltanschauungen zur idealen Beschaffenheit von Hautfarben im mitteldeutschen Raum zu assoziieren. Das heißt aber natürlich nicht, dass es nicht auch ganz nette, zartfühlende Sensibelchen gäbe, die gelegentlich an so einen Hund geraten. Und eines muss ich zugeben: Hätte ich die Wahl, einen Pitbull oder einen dieser allzeit kläffenden, demonstrativ verzogenen Miniterrier mit auf eine einsame Insel zu nehmen – da müsste ich nicht lange überlegen. Schon allein deshalb, weil am Pitbull (dabei denke ich natürlich wirklich nur an den äußersten Notfall) mehr zu knabbern und meine Überlebenszeit damit deutlich länger wäre.

Doch einsame Insel beiseite. Die meisten Männer zeigen für das Verhätscheln von zu klein geratenen Vierbeinern wenig Toleranz. Einzig psychologisch Interessierte mögen in den Schoßhundritualen ihrer Lebenspartnerinnen unerfüllte Bedürfnisse nach Nähe und Liebe oder einen versteckten Kinderwunsch entdecken und verständnisvoll nicken. Und machen wir uns nichts vor: Frauen brauchen tatsächlich Nähe – und das nicht nur in den ersten drei Wochen einer Beziehung.

Trotzdem: Ein Hund ist ein Hund und kein Tamagotchi! Wenn Sie also nicht wollen, dass Ihr Hund Ihre Einrichtung verwüstet, Ihnen das Schnitzel vom Teller schnappt oder gar Ihre Kinder frisst, müssen Sie ihn an der kurzen Leine halten. Sie müssen bestimmen, wo's langgeht, und zeigen, wer der Herr im Haus ist.

Aber Vorsicht: Das Gesagte gilt ausschließlich für Hunde. Wer seine Frau mit seinem Pitbull verwechselt, ist auf dem falschen Dampfer – auf jenem nämlich, der ihn langsam, aber sicher auf die einsame Insel manövrieren wird.

Anne

Warum Männer mit alten Schlappen locker durchs Leben kommen ...

Wie oft habe ich schon versucht, Jan dazu zu überreden, sich endlich mal ein paar vernünftige Schuhe zu kaufen! Inzwischen habe ich das aufgegeben, denn mir ist klar geworden, dass Schuhe für Männer Gebrauchsgegenstände sind. Nicht mehr und nicht weniger. Drei oder vier Paar Schuhe brauchen sie – eins, um in Schnee und Regen herumzustapfen, eins, um durchs Wohnzimmer zu schlurfen, und eins, um im Sommer zur Eisdiele zu gehen. Beim einen oder anderen kommen vielleicht noch Fußballschuhe dazu – das war's dann aber auch. Ein Mann, der mehr Schuhe besitzt, legt offensichtlich Wert auf »Luxus« und gehört zu den Ausnahmen.

Im Herrenschuhbereich erfreut sich der »Universalschuh« besonderer Beliebtheit: ein Modell, das sich unabhängig von der Jahreszeit einsetzen lässt und das man ebenso in der Freizeit als auch leger zum Anzug im Büro tragen kann. Zwei Vorteile liegen auf der Hand: Das lästige Umziehen entfällt – ist der Alkoholpegel hoch genug, können Männer sich mit ihrem Universalschuh nachts sogar noch ins Bett legen. Zweitens entfällt auch die lästige Frage nach der richtigen Kombination. Der braune Allerweltsschuh – so hoffen Männer – wird wohl zu allem passen. Und eines muss man zugeben: Besser als Barfußlaufen ist so ein Schuh allemal. Er dient als Geruchsbremse und bewahrt vor unschönen Aussichten. Ebenso selten wie Männer, die etwas tiefer in die Tasche greifen und handgenähte Schuhe aus England kaufen, sind nämlich Männer, die Geld für eine Pediküre ausgeben.

Hier wie da ist Sparsamkeit jedoch fehl am Platz. Wer Geld für einen hochwertigen, schicken Schuh ausgibt, müsste sich nämlich lange keine Gedanken mehr zum Thema Schuhkauf machen. Und Männer, die etwas mehr Zeit in die Fußpflege investieren würden, könnten oft ganz auf Schuhe verzichten – etwa dann, wenn sie im Sommer in die Eisdiele gehen.

Jan

... und Frauen am liebsten den halben Schuhladen aufkaufen würden

»Böse Schuhe. Böse, böse Schuhe!« – so lautet mein Wahlspruch, wenn ich mit meiner Frau die Fußgängerzone entlangbummle und sie wie hypnotisiert vor der Auslage des nächstbesten Schuhgeschäfts haltmacht. In aller Regel verpufft dieser Satz jedoch ins Leere. Wie von Geisterhand geführt, betritt sie den Store, was nicht selten in einen einstündigen Aufenthalt mündet. Mehr als genug Zeit also, um gelangweilt von einem Fuß auf den anderen zu treten und darüber zu staunen, mit welcher Inbrunst sie ein Paar Schuhe nach dem anderen anprobiert – und das, obwohl sich die Schuhe (aus meiner Sicht) kaum unterscheiden.

In einer großen Umfrage des Emnid-Instituts gaben unlängst 26 Prozent der Frauen an, dass sie über 20 Paar Schuhe besitzen. Wo aber liegt nur die Ursache für diese unglaubliche, rational schwer greifbare Faszination von Frauen für Schuhe? Eines sollten Männer wissen: Wenn Frauen Schuhe kaufen, geht es ihnen nicht um Funktion, geschweige denn um bequeme Fortbewegung. Vielmehr ist der Schuh ein Accessoire, das sorgfältig ausgewählt sein will. Frauen sind geborene Verwandlungskünstlerinnen. Jede Frau liebt Rollenspiele: In hohen Stilettos wird sie zum unwiderstehlichen Vamp, in schwarzen Pumps zur Karrierefrau. Ihre Nikes schenken ihr das Gefühl, es locker mit jedem Marathonläufer aufnehmen zu können, während geblümte Flip-Flops ein verträumtes, teenyhaftes Flair verbreiten, das gut zu Blumen im Haar und Flausen im Kopf passt.

Und was macht die Prinzessin? Die trägt natürlich weiße Ballerinas. Schon Aschenputtel wusste schließlich, wie wichtig der passende Schuh für den weiteren Lebensweg ist. Und sie hatte das Glück, dass ihr dieser auch noch vom Traumprinzen hinterhergetragen wurde. Doch keine Sorge, so weit müssen Sie gar nicht gehen – der Traumprinz von heute schweigt, lächelt und zückt seine Kreditkarte, wenn's ans Bezahlen geht.

Anne

Frauen lieben Soaps ...

Ich verstehe nicht, was Jan an diesen Actionfilmen findet. Natürlich gibt es darunter auch spannende Exemplare (einige Thriller oder Krimis mag ich auch sehr), aber ebenso gibt es diese ganz bestimmte Sorte von pubertären Filmen: Rambo, Rocky, Superman – na, Sie wissen schon. Der Held – zunächst noch unauffällig und von allen maßlos unterschätzt – entdeckt irgendwann seine Muskeln und fängt an, den Bösen eins auf die Nase zu hauen. Gähn!

Ich vermute ja, dass hinter der männlichen Lust auf Verfolgungsjagden, Befreiungskämpfe, Mord, Totschlag und ähnlich brachiale Selbstverwirklichung nur eins steht: ein Minderwertigkeitskomplex. (Das darf ich ja eigentlich hier nicht schreiben, weil Jan es lesen wird – andererseits ist er auch nicht wirklich Rambo-Fan, hat kein Superman-Poster im Zimmer und kann im Grunde genauso über diese Machostreifen lachen wie ich.)

Natürlich weiß ich auch, dass »Sex and the City« und andere Soaps im Grunde ebenfalls Quatsch sind. Aber wenigstens fließt in der »Lindenstraße« nicht kübelweise Blut. Die Soaps gibt es nicht als Killerspiel-Versionen, und sie wecken keine unterdrückten Aggressionen bei Jugendlichen – dann schon eher bei Ehemännern, die lieber Sportschau als Liebe, Lust und Leidenschaft gucken wollen.

Mein Tipp an alle Leserinnen: Kaufen Sie einen Zweitfernseher. Parken Sie Ihren Süßen vor Rambo und genießen Sie im Nebenzimmer »Vom Winde verweht«. Und sollte das Maschinengewehrgeknatter die Schmachtdialoge von Scarlett O'Hara übertönen, dann legen Sie ihm doch einfach noch dezent einen Kopfhörer auf den Schoß.

... und Männer Rambo

Frauen lieben Märchen, in denen es um die große Liebe, um Scheitern, Verlust und das Glück des Wiederfindens geht. Und wenn ihnen keiner mehr etwas vorliest, muss eben die Glotze herhalten. Ganz egal, ob »Lindenstraße«, »Sex and the City« oder »Marienhof« – moderne Soaps sind nichts anderes als moderne Märchen. Immer noch geht es um böse Stiefmütter, Nebenbuhlerinnen, Prinzessinnen und Frösche.

Seit Jahren erfreuen sich diese Serien wachsender Beliebtheit, und solange nur die Einschaltquote stimmt (und dafür werden die weiblichen Zuschauer schon sorgen), werden solche Soaps munter weiterproduziert. Warum auch nicht? Zwar ist es richtig, dass Träume Schäume sind, aber mit diesen Träumen lassen sich immerhin Millionen machen. Ob in Hollywood oder auf dem Privatsender – die Filmindustrie weiß, wie man Sehnsüchte weckt und befriedigt.

Soaps sind zudem ideale Gradmesser für die neuesten Modetrends. Und zuweilen platzieren Serien wie »Sex and the City« Produkte so geschickt, dass sie zum Verkaufshit werden – so etwa Carries »Manolos«, Schuhe vom Designer Manolo Blahnik.

Männer hingegen träumen nicht von Schuhen. Als einstmalige Jäger und Trophäensammler wollen sie auch heute noch Abenteurer sein – selbst wenn sie im realen Leben an der Supermarktkasse oder am Schreibtisch sitzen mögen. Dort sind wichtige Männlichkeitsanteile wie der des »Wilden Mannes« nämlich verschüttet. (Liebe Koautorin, mit Minderwertigkeitskomplexen hat das nichts zu tun.) Träume zeigen uns nur unsere fehlende Seite – nicht mehr, aber auch nicht weniger.

Held zu sein, ist zudem gar nicht so schlecht. Mit silberner Lanze dem Drachen entgegenzureiten, um die holde Jungfrau zu befreien, das weckt nicht nur urmännliche Instinkte, sondern hilft auch der Jungfrau. Und ob Superman, Rocky oder King Kong – wenn Männer sich zum Affen machen, ist meist irgendwo auch eine Frau im Spiel.

Anne

Warum Frauen gern jammern …

Wenn Frauen in die Therapie kommen, jammern sie über vieles. Das ist ja auch kein Wunder, denn wer kommt schon in eine psychologische Beratung, wenn bei ihm alles in Ordnung ist?

Es gibt aber auch gute Gründe für das Gejammere: Wir Frauen sind sehr komplexe Wesen, die sich in vielen Lebensbereichen gleichzeitig bewegen. Wer Beruf und Privates vermischt, hat viel Stoff zum Grübeln. Frauen haben darüber hinaus feinere Antennen. Sie können Unstimmigkeiten und Konflikte schon ausmachen, bevor diese an die Oberfläche gelangen. Auch sind Frauen selbstkritischer als Männer, nicht nur, wenn es um ihre Figur geht, sondern auch, wenn sie darüber nachdenken, was sie wieder »Dummes« gesagt oder getan haben – sei es zur Kollegin, zur Freundin oder zum eigenen Sohn.

Eine weitere Jammerfalle: Frauen sind in der Regel mitfühlender als Männer. Sie beschäftigen sich auch mal nächtelang mit den Problemen anderer Menschen, während Männer viel schneller abschalten und schließlich besser schlafen können.

Sich auszuweinen ist im Prinzip gar nicht so dumm. Wer seinen Emotionen freien Lauf lässt, kann Seelendruck besser abbauen. Und wer mit seinen Problemen nicht mehr alleine ist, für den gilt: Geteiltes Leid ist halbes Leid. Die Frage ist nur, ob der eigene Partner die richtige Adresse ist.

Vielleicht will er das Leid ja gar nicht – nicht mal das halbe. Statt zuzuhören, wird er eher versuchen, das Problem abzustellen. Er wird Patentlösungen präsentieren, wird nicht verstehen, dass es Ihnen (zunächst) gar nicht um Lösungen geht, sondern um Empathie. Darum, dass jemand zuhört, ohne gleich alles besser wissen zu müssen. Kann Ihr Partner das nicht – was wahrscheinlich ist –, wird das zur Folge haben, dass Sie nur noch mehr Anlass haben zu jammern.

… und Männer immer gute Tipps parat haben

Die meisten Männer sind von Grund auf hilfsbereit. Auch und gerade Frauen gegenüber. Sie bemühen sich, gute Zuhörer zu sein, analysieren hingebungsvoll das Problem – und suchen dann nach einer Lösung. Dass Frauen mitunter aber gar nicht lösungs-, sondern vielmehr problemorientiert sind, geht ihnen nicht in den Kopf.

Gut gemeint, aber völlig daneben ist es, wenn Sie Ihrer nörgelnden Partnerin auf die Schulter klopfen und Sachen sagen wie: »Wird schon wieder« oder: »Also wenn ich du wäre, würde ich einfach mal da anrufen«. Wenn Sie einem Kumpel gute Tipps geben, wird der dankbar sein. Vor allem wenn es darum geht, einen billigeren Telefontarif auszumachen oder die richtige Dichtung für den Wasserhahn zu finden. Doch eine Frau ist kein Kumpel. Und auch kein tropfender Wasserhahn, den man so schnell abstellen könnte.

Ihr Jammern ist häufig auch nur ein Beispiel für ineffektive Kommunikation zwischen Ihnen beiden. Was will sie mir wirklich sagen?, sollten Sie sich fragen. Bei der Suche nach der Ursache müssen Sie wie ein erfahrener Mediziner vorgehen: Kommen die Kopfschmerzen vom Rotwein? Ist die Lesebrille nicht die richtige? Sind es Spannungskopfschmerzen oder eine Allergie gegen Cocktailwürstchen?

Ein ebenso unklares Symptom haben Sie vor sich, wenn Ihre Liebste Sätze sagt wie: »Immer muss ich alles machen!« Statt sich zu fragen: »Was heißt da immer? Und wieso eigentlich alles?«, sollten Sie lieber herausfinden, was wirklich dahintersteckt. Ist es Überforderung? Macht sie Ihnen Vorwürfe oder sich selbst? Hätten Sie doch lieber beim Italiener als zu Hause essen sollen? Haben Sie eine unpassende Bemerkung zu ihrer Frisur gemacht? Oder geht es eher darum, dass Ihre Partnerin dringend mal wieder ein Wochenende bei ihrer Freundin in London bräuchte?

Jede Frau ist ein Rätsel. Und das ist ja auch gut so, denn Männer sind Forscher.

Warum Männer beim Sex gern Gas geben ...

Männer sind zielfixiert. Im Leben, in der Firma und, tja, leider wohl auch in der Liebe. Täglich bekomme ich von frustrierten Frauen zu hören, dass es ihren Männern einfach nicht gelingt, ihr Leistungsdenken aus dem Schlafzimmer zu verbannen.

Inzwischen wissen wir, dass die Biologie der menschlichen Vernunft ständig Schnippchen schlägt. Die Biologie ist schuld daran, dass wir Frauen den Ball gern flach halten: Unsere Erregungskurve steigt nur sehr allmählich an und fällt ebenso flach wieder ab. Bei Männern schwillt sie rasch an und fällt nach dem Höhepunkt ebenso steil wieder ab. Außerdem liegen beim Mann zwischen Erregung und »Abregung« meist nur wenige Minuten. Bevor es richtig losgeht, ist es schon wieder zu Ende. Schade eigentlich.

Dass Mann und Frau sexuell gesehen eigentlich gar nicht zusammenpassen, ist hart, aber kein Grund zu verzweifeln. Ob durch das Ausleben erotischer Phantasien, durch Kamasutra-Tricks oder Tantramassagen – mit ein wenig Lust am Spiel und an den unzähligen Variationen, die sich aus den einfachen Zutaten »Mann und Frau« kochen lassen, kann man sehr viel machen. Natürlich müssen Sie Ihrem Liebsten zunächst erklären, dass das Schlafzimmer kein Fitnessstudio ist, nur weil da ein Spiegel hängt. Es geht nicht darum, der Stärkste zu sein. Schon gar nicht der Erste!

Und dann müssen Sie Geduld haben. Für die meisten Männer ist es sehr befreiend, wenn sie sich endlich einmal von ihrer Vorstellung lösen können, etwas erreichen zu müssen. Für intensive neue Erlebnisse ist dann gesorgt – und welcher Techniken ein Paar sich dabei bedient, ist letztlich ganz egal.

Eins aber sollte uns klar sein: Während für uns Frauen das Kuscheln danach ganz natürlich ist, ist es für den Mann eine Kulturleistung, die er erst mal lernen muss. Das dauert ein wenig, abhängig vom bereits erreichten Kulturzustand. Beim zivilisierten Softie kürzer als beim steinzeitlichen Macho. Und bis dahin kommt eben noch der Teddy mit ins Bett.

… und Frauen lieber auf die Bremse steigen

Die Verkehrsstatistik behauptet frech, dass die meisten Auffahrunfälle von Männern verursacht werden. Dabei müsste man sich den Zusammenhang von Ursache und Wirkung einmal genauer ansehen. Richtig ist, dass es zwar die Männer sind, die drauffahren, aber es sind die Frauen, die vor ihnen auf die Bremse gestiegen sind.

Was soll nur das ständige Gebremse? Wollen Frauen nicht auch ganz gern mal von der Stelle kommen? Doch, das schon, versichern mir Frauen, Schwestern und weibliche Ratsuchende – aber eben mit heiler Haut und unter Einbeziehung aller Sinne. Und was im Straßenverkehr gilt, das gilt wie so oft auch im ehelichen oder außerehelichen Verkehr. Hier dürfte wohl so gut wie jeder Mann von seiner Partnerin gelegentlich den Satz gehört haben: »Nicht so schnell …«

Doch gerade dann, wenn Männer schon zur Landung ansetzen, kann dieser Satz ihnen den Wind ganz schön aus den Segeln nehmen. Die anschließende Flaute sorgt dann immer wieder für Missverständnisse, Irritation oder schlechte Laune, woraus wiederum zahlreiche Eheprobleme entstehen. Gemeckert wird dann zwar über die Unordnung im Bad oder über die Urlaubspläne – aber schuld ist eigentlich die Sexbremse.

Dabei lässt sich der Orgasmus der Frau nur bedingt beschleunigen. Und Männer sollten sich deshalb klarmachen, dass Entschleunigung sich leichter lernen lässt als Beschleunigung. Im Fernen Osten gibt es schon seit Langem Methoden wie das Tantra, um den männlichen Orgasmus hinauszuzögern. Das Gute daran ist, dass der Lustgewinn für beide steigt. Zudem galt das (wohlgemerkt zeitliche) Ausdehnen des Liebesspiels im Fernen Osten als effektive Anti-Aging-Strategie. Kurzum: Wer länger leben und damit auch länger Sex haben will, sollte nicht nur langsamer fahren, sondern auch langsamer … na, Sie wissen schon.

Anne

Frauen lieben Candlelight-Dinner ...

Nichts gegen Hamburger und Pommes. Manchmal ist es eben wichtig, schnell satt zu werden. Allerdings ist Fast Food nicht gerade appetitlich – erst recht nicht, wenn wir mit ansehen müssen, wie unser potenzieller Geliebter im Affenzahn Frikadellen im Softbrot verdrückt, während ihm dabei Majo und Ketchup auf Finger und Hemd tropfen.

Männer müssen zwar keine Jane-Austen-Romane lesen, aber ein bisschen Sinn für Romantik kann nicht schaden, finde ich. Frauen legen Wert auf Stil. Vollmond und Meerblick sind schön, aber ebenso entbehrlich wie ein Himmel voller Geigen. Doch hier und da bei Kerzenlicht zu dinieren und dabei die Mondscheinsonate aus der Stereoanlage zu hören, das tut jeder Frau gut.

Beim romantischen Candlelight-Dinner darf keinesfalls die Stoppuhr laufen. Schlingen, Schmatzen und jeder Gedanke daran, dass die Sportschau bald beginnt, sind tabu. Für ein mehrgängiges Menü braucht es Zeit: Ceviche von der Dorade mit Jakobsmuschel und Kräutersalat, Medaillons vom Zicklein mit Mozzarella und getrockneten Tomaten in Blätterteig, Maishähnchenbrust mit Ingwer und Joghurt pochiert und zum Abschluss vielleicht noch Rhabarberfrühlingsröllchen auf Erdbeeren und Rosen-Sauerrahm-Eis sind eben ganz etwas anderes als ein Cheeseburger. Wenn ein Mann es nicht schafft, ein paar Kerzen anzuzünden und dekantierten Rotwein in langstielige Gläser zu füllen, werden Frauen zu Recht skeptisch. Gut möglich, dass er dann auch keine Augen für die Schönheit des Augenblicks, geschweige denn die Augen seiner Frau hat.

Vielleicht noch eine Kleinigkeit, die Männer wissen sollten: Ein Mann mit einer ausgeprägten Vorliebe fürs schnelle Essen hat aus Frauensicht zwei Nachteile. Erstens: Vom Fast Food fett gefressen, macht er nur selten eine gute Figur. Und zweitens darf man bezweifeln, dass einer, der beim Essen nur an schnelle Triebbefriedigung denkt, ein Genießer im Bett und somit ein guter Liebhaber ist.

... und Männer Fast Food

Schnell ein paar Burger essen und dann rasch auf einen Quickie in die Besenkammer – was spricht dagegen? Immerhin leben wir nicht ewig, warum also Stunden für Dinge verschwenden, die sich auch in ein paar Minuten erledigen lassen?

Früher hat eine Reise nach Amerika auf dem Dampfer Monate gedauert. Heute steigen wir ins Flugzeug – und schwupps: schon können wir wieder Burger in Handballgröße essen und Cola aus Pappeimern trinken.

Dabei ist Fast Food besser als sein Ruf. Nicht umsonst heißt es: »Fleisch ist ein Stück Lebenskraft.« Ab dem dritten Burger wird Essen da zur reinsten Anti-Aging-Kur. Und wenn Sie bedenken, dass heute kaum noch eine Bulette ohne Gurken- und Tomatenscheibchen über den Tresen wandert, müssen Sie sich über Ihre Vitaminversorgung auch keine Sorgen machen. Fast Food belastet weder den Geschirrspüler noch die Mülltonne – zumindest nicht unsere eigene. Was haben Frauen also nur für ein Problem damit?

Andererseits wundere ich mich, warum Sterneköche fast immer Männer sind. Vielleicht sind Männer ja doch keine aasfressenden Zombies? Schließlich werden Fünf-Gänge-Menüs à la Jamie Oliver nicht nur mit Vorliebe von Männern gekocht, sondern auch gerne von Männern gegessen.

Und auch gegen Kerzenschein und Blick auf die Akropolis spricht wenig. Nach Abschluss der Sturm-und-Drang-Phase wissen die meisten Männer nämlich ganz gut, dass manche Dinge im Leben so schön sind, dass man ruhig ein bisschen mehr Zeit damit verbringen sollte.

Anne

Frauen mögen Multitasking

Das menschliche Gehirn kann so allerlei. Zum Beispiel lesen, Zahlen addieren, zuhören, Gefahren wahrnehmen oder das richtige aus zehn Gewürzen finden – aber kann es all das auch *gleichzeitig*?

Die Fähigkeit, verschiedene Aufgaben parallel auszuführen – beispielsweise Auto zu fahren und nebenbei mit dem Handy zu telefonieren (40 Euro Bußgeld und ein Punkt in Flensburg) –, nennt man Multitasking. Unter Wissenschaftlern ist mittlerweile ein Streit entbrannt: Die einen (die Mehrzahl) behaupten, Multitasking sei Quatsch. Tatsächlich könne das Gehirn immer nur eine Aufgabe erledigen. Der Eindruck, alles gleichzeitig zu machen, entstehe nur, weil so schnell von Aufgabe zu Aufgabe gewechselt werde, dass die einzelnen Arbeitsprozesse nicht mehr als solche wahrgenommen würden. Doch es gibt auch Gegenstimmen, die sagen: »Oh doch. Es gibt Multitasking. Es kann sogar gezielt trainiert werden und ist gut fürs Gehirn.« Ich schließe mich dieser Meinung an. Da reicht doch ein Blick auf einen typischen Frauenalltag.

Während sie aufpasst, dass das Nudelwasser nicht überläuft, kocht die Frau Spaghettisoße, fischt Oregano aus dem Schrank, hört zu, wie ihr Liebster von seinen Sorgen im Büro erzählt, passt auf, dass ihr Kleinster nicht vom Fensterbrett fällt, und überlegt zugleich, ob sie wohl noch genug im Kühlschrank hat, um ein kleines Dessert zu zaubern. Könnte eine Frau immer nur eine Sache machen, würde um sie herum das absolute Chaos ausbrechen.

Eigentlich sollten Männer glücklich sein, eine Multifunktions-Haushalt-Job-und-Liebe-Maschine im Haus zu haben. Dafür könnten sie ruhig mal ein paar Blumen mitbringen. Immerhin sind sie selbst bereits überfordert, wenn sie ihre Mails beantworten wollen, während im Nebenzimmer das Baby schreit. Von Multitasking keine Spur. Das Einzige, was sie dann wirklich *gleichzeitig* schaffen, ist, herumzuschreien und sich die Haare zu raufen.

Männer wollen immer nur eine Sache auf einmal machen

Manche Forscher behaupten, dass Männer Multitasking-Trottel seien. Da der Ausbau der neuronalen Verbindungswege zwischen linker und rechter Gehirnhemisphäre zu kurz gekommen sei, könnten Männer immer nur eine Sache machen. Im Fernen Osten gibt es eine Weisheit, die als Schlüssel zur Gelassenheit und Heiterkeit gilt: »Geh immer nur einen Schritt auf einmal.«

Ins heutige Leben übersetzt, klingt das ungefähr so: »Lass mich bloß mit deinen Wochenendplänen in Ruhe! Du siehst doch, dass ich gerade verdammt noch mal versuche, dieses IKEA-Regal zusammenzuschrauben.«

Wenn Männer zwei Schritte auf einmal gehen sollen, fallen sie regelmäßig auf die Nase. Männer sind Step-by-Step-Typen. Die Leserinnen unter den Lesern tun gut daran, einmal ihren Mann zu beobachten: Was macht er, wenn das Telefon klingelt? Er schaltet hektisch den Fernseher aus. Wenn er bei Reisen nach dem Weg sucht, wird er nichts von dem hören, was Sie ihm sagen. Ebenso wenig, wenn er Kreuzworträtsel löst. Dann schalten Männer einfach auf taub.

Böse gemeint ist das nicht. Männer sind eben wandelnde Organizer. Wer es schafft, Aufgabe für Aufgabe seiner To-do-Liste zu erledigen, bei dem wird alles gut, denken sie. Wie sollen sie verstehen, dass alles miteinander zusammenhängt? Beim Sex nette Dinge sagen? Niemals. Erst was Nettes sagen, dann Sex – okay. Oder besser: Erst Sex, dann schlafen.

Männer brauchen Schubladen. Wer das weiß, kann besser mit ihnen kommunizieren. Sie wollen mit ihm über den nächsten Urlaub reden? Dann schließen Sie erst die Schubladen »Essen«, »Fernsehen«, »Software installieren«, und öffnen Sie dann die Schublade »Urlaubsplanung«. Und wenn es spät wird, dann reden Sie im Bett darüber.

Wie – er schläft ein, während Sie ihm aus dem Reiseführer vorlesen? Zuhören und *gleichzeitig* einschlafen? Komisch, ich dachte, Männer können nur eine Sache auf einmal ...

Anne

Mädchen spielen am liebsten mit Puppen

Im Großen und Ganzen bin ich wohl das, was man eine moderne, emanzipierte Frau nennt. Ich habe einen guten Job, gehe auch mal allein aus (sogar gelegentlich zum Billardspielen), ich habe keine Angst, meine Meinung zu äußern, ich lese Charles Bukowski und Schwedenkrimis, und ich habe auch schon das eine oder andere Bücherregal an die Wand geschraubt (während Jan übrigens gern mal den Staubsauger durch unsere Wohnung zieht).

Trotzdem: Mit Lego habe ich nie gespielt. Ich hatte auch keinen Chemiekasten, keine Autorennbahn und auch keine elektrische Eisenbahn. Meine Eltern waren offen für alles – hätte ich nur lang genug gequengelt, hätten sie mir diese Sachen bestimmt geschenkt. Aber ich wollte kein Jungenspielzeug – nein, ich wollte unbedingt eine Puppe! Zuerst eine Stoffpuppe, dann eine aus Plastik und schließlich eine, die mit den Augen klimpern und »Mama« sagen konnte.

Eine kleine Privatumfrage unter meinen Freundinnen, womit sie im Alter von fünf Jahren gespielt hätten, ergab, dass sich kleine Mädchen mit vielerlei Dingen von Puzzles bis zu Malstiften beschäftigen, auf jeden Fall aber mit ihrer Puppe.

Eine Frau, die mit Puppen spielt, lernt einiges für ihr späteres Leben. Sie lernt, wie man ein Baby trägt oder badet. Sie kriegt einiges zum Thema Outfit mit – selbst die Fertigklamotten der langweiligen Barbie gibt es in unzähligen Kombinationsmöglichkeiten. Und von den Mädchen, die ihren Puppen sogar selbst Kleidchen genäht haben, dürften einige inzwischen zu den Top-Modedesignerinnen aufgestiegen sein.

Aber noch etwas lernt man: Eine Puppe schaut immer gleich. Ganz egal, wie Sie mit ihr reden – es kommt keine Reaktion, keine Antwort. Gäbe es da eine bessere Vorbereitung für das spätere Zusammenleben mit einem Mann? Wohl kaum.

Jungs lieben Lego

Frauengehirne funktionieren anders als Männerhirne. Sie sind kleiner – und wenn ich gemein wäre, würde ich jetzt sagen ... Das tue ich aber nicht. Denn das Gegenteil ist richtig: dass Frauen oft intelligenter als Männer sind, zeigt sich nicht nur daran, dass sie viel seltener Motorrad fahren, sondern auch daran, dass Mädchen in der Schule besser sind, häufiger Abitur machen und auch eher ein Studium abschließen als ihre männliche Konkurrenz. Untersuchungen haben gezeigt, dass Mädchen nicht auf Dinge, sondern auf Menschen fixiert sind. Lego, Handwerkskasten, Zündkerzen oder externe Festplatten – all das interessiert Frauen nicht sonderlich. Sie halten sich nicht allzu lange damit auf, Türmchen zu bauen, und streben auch selten in klassische Männerberufe wie Kranführer oder Automechaniker.

Im Gegensatz zu Jungs können Mädchen bereits im Alter von drei Monaten Gesichter von Oma, Opa, Mama und Tante Elisabeth mühelos voneinander unterscheiden. Frauen sind also eher auf Soziales programmiert. Ohne dass die Erziehung dabei besonders entscheidend wäre, wollen Frauen meist schon früh wissen, wie Menschen miteinander umgehen, wie Kommunikation funktioniert und was es mit dem komplexen Gebiet der Körpersprache auf sich hat. Aus der Mimik ihres Gegenübers können Frauen ganze Romane herauslesen. Sie können die Stimmung in einem Raum nahezu »riechen«, können sich gut in Probleme einfühlen und verstehen die Sorgen und Ängste anderer Menschen.

Dass man all das an Legosteinen schlecht lernen kann, ist logisch. Warum aber funktioniert es eigentlich ausgerechnet bei Puppen? Die haben weder Sorgen noch Ängste. Sie sagen kein Wort, bewegen keine Miene, und auch in Sachen Körpersprache sind sie totale Analphabeten. Außerdem sind sie aus Plastik – genau wie Legosteine. Männer sind da anspruchsvoller: Wenn sie doch mal mit Püppchen spielen, sollten diese schon aus Fleisch und Blut sein.

Anne

Frauen gehen am liebsten mit Freundin auf die Toilette ...

Ich weiß ja nicht, woran Männer denken, wenn sie über Frauen auf der Toilette nachdenken – noch dazu, wenn diese das Klo zu zweit oder zu dritt aufsuchen. Um etwaige Missverständnisse auszuräumen: Freundinnen setzen sich dort nicht gemeinsam auf die Kloschüssel. Zusammen auf die Toilette gehen heißt, dass sie sich im Restaurant oder in einem Klub gern gemeinsam abseilen, um kurz in Ruhe unter sich sein zu können.

Übrigens spielt dabei das Alter eine große Rolle: Während Teenies fast nie allein aufs Klo gehen, weil sie es nicht aushalten, auch nur eine Stunde am Tisch zu sitzen, ohne mit ihrer Freundin zu tuscheln, können reifere Damen auf das WC-Intermezzo gut verzichten.

Ein »stilles Örtchen« ist ein intimer Raum. Kein Mann verirrt sich so leicht durch eine Tür, auf der *Ladys* steht. Um den Austausch ganz großer Geheimnisse geht es uns Frauen dort nur selten. Aber darüber, wie die eine nun den neuen Freund des anderen findet, wie es so im Bett läuft oder ob der Barkeeper mit dem Knackarsch wohl noch Single ist ... darüber sprechen wir dann doch lang und ausführlich. Jedenfalls geht es um Dinge, die Männer einfach nichts angehen. Wenn man mit Kerlen an der Bar oder am Tisch sitzt, muss manch wichtiges Thema eben ausgeklammert werden – und da bietet sich der Gang zur Toilette geradezu an, um das Versäumte nachzuholen.

Es ist ja nicht so, dass die Männer darunter leiden müssten: Ich möchte wetten, dass sie sich dann am Tisch, ohne Frauen, auch ganz andere Dinge erzählen, als wenn wir dabei wären! Dass Männer nicht gemeinsam aufs Klo gehen, kann ich dagegen gut verstehen: Allein schon die Vorstellung, wie sie nebeneinander stehen, ihre Hosen öffnen und zwangsläufig Vergleiche anstellen müssen, ist doch zum Totlachen!

… während Männer am liebsten alleine pinkeln gehen

Obwohl ich mit Bestimmtheit sagen kann, dass ich mich mit Anne wunderbar verstehe, wir viele Geheimnisse miteinander teilen und einander voll und ganz vertrauen, käme ich doch nie auf die Idee, gemeinsam mit ihr aufs Klo zu gehen. Zum Glück bietet sich das auch nur selten an, da Lokale für gewöhnlich getrennte Toilettenräume für Mann und Frau zur Verfügung stellen, was weibliche wie männliche Gäste gleichermaßen freut.

Allerdings kommen Männer auch nur selten auf die Idee, mit ihrem Kumpel auf die Toilette zu gehen. Erstens müssen zwei Männer, nur weil sie gemeinsam Bier bestellt haben, deswegen noch lange nicht gleichzeitig Pipi machen (da bewundere ich die Synchronleistung vieler Damen), zweitens wüssten Männer auch gar nicht, was sie gemeinsam auf dem Pissoir sollten: Sich gemeinsam anschweigen? Lippenstift auftragen?

Und es kann ja auch verdammt peinlich sein. Während Teenager schon mal ihre Penislängen vergleichen, ist das bei ausgewachsenen Männern nicht üblich. Und auch sehr blöd für den »Unterlegenen« – denn da wird wohl nichts mehr wachsen. Superpeinlich wird es aber dann, wenn man seinem Chef auf dem WC begegnet. Ich habe zwar keinen Chef, aber ich kann's mir gut vorstellen. Da steht man neben seinem Vorgesetzten, holt sein bestes Stück hervor (das möglicherweise auch noch länger als das des Chefs ist) und pinkelt. Grässlich.

Deshalb pinkeln Männer mit Vorliebe allein. Am liebsten übrigens in der freien Natur. Mitten im Wald. Oder wenigstens an die eigene Gartenhecke. Die Liebe zur Natur spielt eben für jeden wilden Mann eine große Rolle. Und dafür müssen wir, im Gegensatz zu Frauen, nicht einmal die Hosen runterlassen und uns in die Brennnesseln hocken.

Ach, es ist doch manchmal schön, ein Mann zu sein. Und diese spezielle Freude genießt man eben doch am besten ganz allein.

Anne

Frauen wollen miteinander reden …

Wer das merkwürdige Verhalten geschlechtsreifer Großstädter in Zeiten der Zweierbeziehung verstehen will, sollte immer wieder mal einen Blick auf unsere Wurzeln zurückwerfen – und die liegen in der Steinzeit.

Stellen Sie sich doch nur einmal Steinzeitfrauen in ihren Höhlen vor: kein Fernseher, kein Internet – noch nicht einmal Sudoku. Das konnte sicher ganz schön langweilig werden. Das Einzige, was einen damals gerettet haben dürfte, war das Zusammensein mit anderen Frauen, die gemeinsamen Gespräche – in dem Fall wohl eher mitfühlende Grunzlaute.

Heute gibt es Tupperware-Partys (übrigens schon seit sechzig Jahren) – und niemand muss mehr in einer Höhle sitzen. Diese Zusammenkünfte dienen natürlich nicht in erster Linie dem Zweck, die Türmchen aus bunten Plastikbehältern, die bereits sämtliche Küchenschränke füllen, noch höher zu bauen.

Nein, Konsum ist nebensächlich. Vielmehr können Frauen sich zwanglos treffen, miteinander reden und zudem noch an ihrem sozialen Netz knüpfen. Gerade in der Anonymität der Großstadt ist es gut zu wissen, dass wir noch Nachbarinnen haben. Wer keine Lust auf Plastiktöpfchen hat, kann auch auf Dessouspartys oder bei PartyLite auf seine Kosten kommen.

Eine ähnliche Funktion erfüllte übrigens schon der traditionelle Kaffeeklatsch. Kaffee und Kuchen sind dabei nur angenehme Stimulanzien, die den Gesprächsfluss in Gang halten – doch eigentlich geht es ausschließlich um den verbalen Austausch in mannfreier Zone. Denn es tut Frauen einfach gut, zwischendurch mal abzuschalten, Sekt zu trinken, Kinder, Mann und Job zu vergessen und über Dinge wie das Wetter oder die Mode zu reden. Diese Themen sind zwar nicht gerade weltbewegend, aber vielleicht dann doch nicht ganz so belanglos wie Fußballergebnisse.

... und Männer lieber miteinander kegeln

Wer das merkwürdige Verhalten geschlechtsreifer Großstädter in Zeiten der Zweierbeziehung verstehen will, sollte immer wieder mal einen Blick auf unsere Wurzeln zurückwerfen – und die liegen in der Steinzeit.

Also gut, Sie haben's gemerkt: Ich habe den ersten Satz gegenüber bei Anne abgeschrieben. Ich finde ihn gut, und er passt – warum also Neues erfinden, wo es hier doch ohnehin nur ums Kegeln geht? Das Beispiel Kegeln zeigt allerdings, dass wir Männer durchaus keine mürrischen Einzelgänger sind. Schon in der Steinzeit waren wir aufeinander angewiesen. Um ein Wollnashorn zu erlegen, brauchte es schon etwas mehr als eine einzelne Speerspitze. Und dass wir auf der Pirsch keine Zeit hatten, über Erziehungsprobleme zu quatschen, ist ja auch klar.

Was passiert nun beim Kegeln? Wir treffen uns, wir verfolgen ein gemeinsames Ziel (Kegel umschießen), bilden Mannschaften und schweigen. Wobei es natürlich auch unter Männern Kommunikationsformen gibt, doch die sind eher kurz gehalten (»Und?« »Passt schon!«). Dabei muss es ja gar nicht Kegeln sein. Wem das zu bieder ist, der kann zum Bowling gehen – das klingt wenigstens etwas cooler. Oder zum Poolbillard. Alles nicht abenteuerlich genug? Dann ab ins Boot und rein ins Wildwasser – so etwas hieß früher Floßfahrt, heute Rafting.

Das Wichtigste ist die richtige Kombination: gemeinsame Aktion, minimalistische Kommunikation und maximaler Alkoholverbrauch. Für Frauenohren klingt das sicher schrecklich, aber Tatsache ist, dass Männer ihre Pflichten als Partner und Familienvater langfristig besser erfüllen, wenn sie gelegentlich an Männerritualen teilnehmen dürfen – das zeigen Umfragen. Und oft reicht es ja schon, im Fußballstadion zu singen: »Olé, olé, olé, olé ... we are the champions ...« So entwickelt der Mann seine musikalische Seite und lernt nebenbei gleich noch zwei Fremdsprachen.

Anne

Warum Frauen mit ihren Haarlöckchen spielen …

Unsere Körpersprache kann sehr verräterisch sein. Wenn beispielsweise eine Frau mit ihren Haaren spielt, ist das eine klare Botschaft: Schau her – hier ist eine Frau, die bereit ist, mit dir zu flirten. Und vielleicht geht ja sogar noch ein bisschen mehr …

Unser Körper sagt, was wir unabhängig von Vernunft, gesellschaftlichen Konventionen und bewussten Gefühlen wollen. Das heißt, unsere Körpersprache kann auch Dinge sagen, die wir nie über die Lippen brächten: weil wir uns schämen, weil wir sie für unsinnig halten oder weil es peinlich werden könnte. Da werden intimste Geheimnisse verraten, und wir können uns an der Verräterin nicht einmal rächen, weil wir es ja selbst sind. Und noch gemeiner: Oft verrät unser Körper dem anderen Geheimnisse, die wir noch nicht einmal selbst kennen.

Das ist eigentlich halb so wild, da die Sprache unseres Körpers für Männer in der Regel ohnehin eine Fremdsprache ist. Da könnten sie noch eher Chinesisch lernen. Aber es gibt eben Ausnahmen, und dann wird's schwierig: Wir sitzen beispielsweise im Café, sehen uns völlig unschuldig die Menschen an, spielen ganz harmlos und nichtsahnend mit unseren Löckchen – und plötzlich haben wir einen unerwünschten Romeo an der Backe, der sich völlig sicher ist, dass wir mit ihm geflirtet haben.

Also aufgepasst! Achten Sie auf das, was Sie sagen. Nicht mit Worten, sondern mit Augen, Haaren und Körper. So können Sie nicht nur verhindern, dass Sie sich vor anderen seelisch entblättern, sondern erfahren auch noch viel über sich selbst. Und dann können Sie die Waffen, die einer Frau zur Verfügung stehen, immer wieder zu Ihrem Vorteil einsetzen: ein Augenaufschlag, eine kleine Drehung des Kopfes und ein Löckchen um den Finger gewickelt – und schon klappt's mit der Gehaltserhöhung, dem Preisnachlass beim Schuhverkäufer oder sogar mit dem Flirt.

… und Männer sich in den Schritt greifen

Was Anne über Körpersprache sagt, stimmt schon: Oft weiß man gar nicht, was man mit Gesten, Mimik und sogar mit Gerüchen alles sagt. Aber ich finde, dass sie die Männer gewaltig unterschätzt. Mag ja sein, dass wir Männer nicht immer hundertprozentig durchblicken, was Frauen wirklich wollen. (Das wäre ja wohl auch deutlich zu viel verlangt.) Doch die Körpersprache wirkt auf unterbewusster Ebene: Wenn eine Frau flirten will (selbst wenn sie nichts davon weiß), springen Männer automatisch darauf an. Sie sind von der Natur darauf programmiert – es läuft also, zumindest biologisch gesehen, so, wie es die Natur vorgesehen hat: Das Weibchen zeigt, dass es bereit ist, und das Männchen beginnt mit dem Balzritual.

Männer verstehen Frauen zumindest auf dieser Ebene ohne Weiteres. Das Problem ist also nicht, dass Männer körpersprachliche Autisten oder zu dämlich wären, versteckte Signale zu interpretieren, sondern vielmehr, dass Frauen einfach so kompliziert sind – und es auch gerne sein wollen. Sie zeigen »ja« und meinen »nein« und handeln »vielleicht«. Damit – und nicht etwa mit der Körpersprache – sind Männer überfordert.

Männer sind einfach viel geradliniger. Sie glotzen einer Frau erst einmal auf die Brüste, checken die Figur und, ja, auch die Haare und blicken ihr dann ganz tief in die Augen: Jedes Missverständnis ausgeschlossen!

Der berühmte Griff in den Schritt bedarf allerdings keinerlei Kenntnisse der Körpersprache oder tiefenpsychologischer Analyse. Die Deutung ist viel einfacher: Die Natur hat zwar den männlichen Unterleib geschaffen, aber nicht kneifende Designerunterhosen und enge Jeans. Manchmal muss der Mann daher die Dinge einfach wieder zurechtrücken. Täuschen Sie sich also nicht, meine Damen: Der Griff zwischen die (eigenen) Beine sagt rein gar nichts über seine tiefsten seelischen Regungen, sondern: »Mich zwickt's. Und zivilisiert benehmen kann ich mich auch nicht.«

Anne

Frauen gehen nur mit Walkingstöcken vor die Haustür

Das ist ja wohl eine Unverschämtheit! Natürlich stammt diese Überschrift nicht von mir, sondern von Jan, der einen Großteil der Gliederung für dieses Buch gemacht hat. Dass Frauen nur mit Walkingstöcken vor die Tür gehen, erweckt ja den Eindruck, sie wären alle gehbehindert. Sind sie aber nicht. Und im Gegensatz zu vielen Männern sind sie meist auch nicht sportbehindert. Es mag ja sein, dass wir Frauen keinen ausgeprägten Drang haben, Rekorde zu brechen. Achttausender wie der Mount Everest, der Nanga Parbat oder der K2 sind auf Postkarten hübsch anzusehen, aber das ist doch kein Grund, da hochzurennen. Beim Nordic Walking stürzt man wenigstens nicht in Gletscherspalten.

Übrigens gibt es durchaus Frauen, die auf Berge klettern, Marathon laufen oder Grand-Slam-Turniere gewinnen. Und auch Frauensportarten wie Synchronschwimmen oder rhythmische Sportgymnastik mit Band oder Keule sind kein Spaziergang. Die einzigen Keulen, die viele Männer schwingen, sind die, die sie brauchen, um vom Sofa zum Kühlschrank zu kommen. Denn auch wenn es mehr männliche als weibliche Extremsportler geben mag – auf einen von ihnen kommt knapp eine Million Männer, die Sport nur aus dem TV kennen. Jogging mit Bierbauch ist ja auch nicht zu empfehlen. Und so beschränken sich sportliche Aktivitäten bei Männern oft darauf, Tischfußball zu spielen oder ihr ferngesteuertes Segelboot im Teich auszusetzen. Daneben sind aber auch Sudoku, Bierflaschenöffnen und andere Sofasportarten beliebt.

Ob es da nicht besser wäre, es den Frauen gleichzutun und wenigstens moderat Sport zu treiben? Einmal täglich eine flotte Runde um den Block – das würde für den Anfang genügen. Und falls Gewichts- und Rückenprobleme dagegensprechen, können ein paar Walkingstöcke weiterhelfen. Die sind nicht nur billiger, sondern auch cooler als jede herkömmliche Krücke aus dem Sanitätshaus.

Jan

Männer wollen auf den Mount Everest – und zwar ohne Sauerstoffmaske

Richtige Männer wollen Helden sein. Sie geben sich nicht damit zufrieden, auf einem Bein zu stehen und das als Yoga zu bezeichnen. Oder um den Block zu »walken«. Männer wollen hoch hinaus. Sie wollen allein die Welt umsegeln, Eisschwimmen, Tieftauchen, Freiklettern, wollen ein Ironman, wollen der Beste sein. Sie wollen ein bisschen wie Reinhold Messner, wie Muhammad Ali, Jürgen Hingsen oder Kapitän Nemo sein.

Mein Cousin Danny lebt in Antwerpen. In Belgien ist Radrennfahren ähnlich populär wie Fußball bei uns. Mit achtzehn Jahren bekam Danny eine Rennmaschine geschenkt und war begeistert. Er trainierte oft viele Stunden am Tag – und obwohl er Amateur blieb, waren das keine Spazierfahrten, sondern Hochleistungssport. Als Danny vier Jahre später eine sehr unausgeglichene Frau heiratete, hatte ich die Vermutung, dass er nur deshalb so oft auf seinem Sattel saß, weil er auf der Flucht vor seinem Hausdrachen war. Irgendwann jedoch hatte Danny auf einer Bergstrecke einen schweren Sturz und zog sich einen komplizierten Oberschenkelbruch zu. Es folgten einige Monate Krankenhaus und Reha. Seitdem ist er nie mehr aufs Rennrad gestiegen. Inzwischen ist Danny auf »Softsport« umgestiegen und geht an jedem freien Tag lange in den Wäldern der Ardennen spazieren. Das freut Janosch, seinen Cockerspaniel. Und es freut auch Linda – ehemals seine Physiotherapeutin in der Reha und inzwischen seine bezaubernde neue Frau.

Um aus belastenden Beziehungen auszubrechen, braucht man, wie man sieht, weder einen Achttausender noch ein Rennrad. Oft reicht es, einfach nur mal kurz die Füße in die Hand zu nehmen.

Anne

Warum Männer sich irren, wenn sie sich für die besseren Autofahrer halten ...

Abgesehen von ein paar Braunkohlekraftwerken sind es vor allem Millionen von Autos, die dafür sorgen, dass wir bald nur noch mit Sauerstoffmaske vor die Haustür gehen können. Ist Autofahren denn wirklich so eine Mordsgaudi? Einige Leute scheinen davon überzeugt zu sein, dass ein Auto einfach dazugehört, die meisten davon sind junge Männer. Und damit nicht genug, glauben sie auch noch, dass sie die besseren Autofahrer seien.

Dagegen spricht jedoch die Unfallstatistik oder genauer gesagt die 70-Prozent-Regel: Rund 70 Prozent der Männer zwischen 18 und 30 lieben schnelle Autos. Für ein Sportlenkrad und eine Doppelauspuffanlage lassen sie im Zweifelsfall jede Blondine stehen. Und wer baut die meisten schweren Unfälle? (Ich meine jetzt nicht die paar albernen Schrammen am Kotflügel, die man sich beim Einparken ja ständig zuzieht.) Genau: junge Männer zwischen 18 und 30. Knapp 70 Prozent aller Unfälle mit Personenschaden werden durch überhöhte Geschwindigkeit verursacht. Knapp 70 Prozent aller jungen Männer geben zu, dass sie gerne mal ordentlich auf die Tube drücken. Na, klingelt's?

Bekanntlich fahren Frauen langsamer und vorsichtiger. Im Ernstfall zögern sie, statt um jeden Preis mit dem Kopf durch die Wand beziehungsweise die Windschutzscheibe zu wollen. Wozu auch rasen, wenn man ohnehin nur Toastbrot einkaufen will? Und noch etwas verrät die Statistik: Männer und Frauen bauen sehr unterschiedliche Unfälle. Wenn Männer zu ihrer Frau sagen: »Schatzi, jetzt gib doch endlich mal Gas, sonst fährt dir noch einer hinten rein«, dann haben sie recht. Genauso richtig liegen Frauen, die zu ihrem Partner sagen: »Schatzi, jetzt brems doch endlich mal, sonst fährst du dem noch hinten drauf.«

Was jedoch die Rechtslage betrifft, so gilt eindeutig: Den Schaden zahlt nicht der, der bremsen muss, sondern der, der aufgefahren ist – und in der Regel ist das ein junger Mann zwischen 18 und 30.

... und Frauen sich irren, wenn sie glauben, dass sie einparken können

Mit sechzehn bekam ich mein erstes Moped geschenkt, und nach drei Wochen hatte ich es zu Schrott gefahren. Mit achtzehn bekam ich mein erstes Auto, das leider nicht viel länger hielt. Auch das zweite Auto hatte mit mir kein Glück, es wollte einfach nicht so schnell um die Kurve wie ich. Inzwischen bin ich ein gesetzter Familienvater, der seit über zwanzig Jahren unfallfrei (natürlich Kombi) fährt. Und so bin ich auch schlau genug, um zu wissen, dass Männer nicht die besseren Autofahrer sind. Trotzdem würde ich auch nicht sagen, dass jeder Mann, der nicht mindestens zwei Kinder hat und kurz vor der Midlife-Crisis steht, am Gaspedal eine Gefahr für Leib und Leben darstellt. Da gibt es noch ganz andere Leute, die mit einer Jahreskarte für die Bahn besser bedient wären:

– Senioren, die ausschließlich mit Hörgerät, Hornbrille und Hut fahren,

– Sonntagsfahrer, die mit 80 km/h auf der Überholspur herumschleichen,

– Teenager, die mit einer Hand das Handy, mit der anderen die Zigarette und mit den Knien das Lenkrad halten,

– Drängler, die mit über 200 Sachen so dicht auffahren, als säßen sie im Autoscooter (eher ein deutsches Problem), und

– Kiffer, die mit dickem Joint am Steuer sitzen (eher ein holländisches Problem).

Außerdem gibt es eine Gruppe, die auf den Straßen eher kleine Schäden anrichtet – die Frauen. Und zwar vor allem beim Einparken. Internationale Studien zeigen, dass 70 Prozent der Männer ihr Auto auf Anhieb einparken können, während das nur rund 20 Prozent der Frauen schaffen. Steht ihr Smart dann endlich im Busparkplatz, sind die Reifen so weit vom Bordstein entfernt, dass locker noch ein Kinderwagen dazwischenpasst. Der Vorteil dabei: Von Frauen geparkte Autos wirken – wie Bodenschwellen in Spielstraßen – verkehrsberuhigend.

Anne

Frauen sehen innere und äußere Werte

Warum werden Männer nur so nervös, wenn wir sie unserer besten Freundin vorstellen? Wohl deshalb, weil sie Angst davor haben, auf dem Seziertisch zu landen. Vier Augen sehen bekanntlich mehr als zwei, und wenn gleich zwei weibliche Augenpaare hinschauen, werden seine Schwächen, Probleme und Charaktereigenschaften erst recht erkannt und analysiert.

Waschbrettbauch, Dreitagebart, sonnengebräunter Teint, Latin-Lover-Blick und eine Körpergröße von mindestens 1,85 – das sollte doch reichen, um als »idealer Mann« durchzugehen, denken sich manche. Doch weit gefehlt: Der Traummann kann auch ganz anders aussehen – zum Beispiel wie Danny de Vito, der nicht größer als Napoleon ist, dafür aber auch noch eine Glatze und etliche Kilogramm Übergewicht hat. Ist es das Geld? Vielleicht. Vor allem aber verfügt Danny de Vito über viel Humor, Charme und Herzenswärme und gilt nicht umsonst als Frauenliebling.

Da Frauen sich lieber mit Menschen als mit Software befassen, ist ihre Menschenkenntnis oft erstaunlich gut ausgeprägt. Doch es gibt einen weiteren Grund dafür, dass wir Frauen in Männern mehr sehen als wandelnde Kleiderständer – einen uralten, archaisch-biologischen Grund: Wenn eine Frau sich wirklich auf einen Mann einlässt und schwanger wird, hat sie in der Regel beide am Hals: Mann und Kind. Da empfiehlt es sich, sein Gegenüber zunächst einmal genau zu studieren, auf Beziehungstauglichkeit hin zu prüfen und erst danach zu entscheiden, ob der Mann es wirklich wert ist, um den Großteil unseres restlichen Lebens mit ihm zu verbringen.

Männer haben es da leichter. Sie gucken kurz, grunzen lüstern und schnappen zu. Wird ihnen nach zwei Wochen alles zu viel, suchen sie das Weite und nach einer neuen Frau, die dumm genug ist, bei einem Mann nicht so genau hinzuschauen.

Männer haben keinen Röntgenblick

Es mag schon sein, dass einige Männer Frauen gern mit ihren Blicken ausziehen. Allerdings gilt das nur im übertragenen Sinn. Da ist die moderne Sicherheitstechnik eher auf dem richtigen Weg: An Flughäfen laufen Versuche mit Durchleuchtungsgeräten, die nicht nur Hüftprothesen und Krummsäbel, sondern sogar die Unterwäsche sichtbar machen – ausschließlich zu Flugsicherheitszwecken, versteht sich.

Für Frauen dürfte es tröstlich sein, dass Männer keinen Röntgenblick haben. Welche Frau möchte schon gern mit ihrer neuen Eroberung ausgehen, wohl wissend, dass die nicht nur die Farbe ihres Pullis, sondern auch noch die Marke ihres Slips durch dicksten Jeansstoff erkennen kann?

Doch der Blick in die Tiefe ist Männern verwehrt, und so bleibt ihnen eben nichts anderes übrig, als sich auf Äußerlichkeiten zu konzentrieren. Das erleichtert die Entscheidung übrigens enorm. Und schnelle Entscheidungen waren schon in der Steinzeit Gold wert. Freund oder Feind? Gut oder böse? Und im Fall von Frauen: einfangen oder lieber laufen lassen?

Noch heute sind wir Männer es gewohnt, schnell Prioritäten zu setzen. Wir reagieren auf Primärreize. Fragen Sie mal tausend Männer, worauf sie bei Frauen achten. Alle, die nicht lügen, werden zugeben, dass sie erstens auf das Aussehen, zweitens auf das Aussehen und drittens ... nun ja, sagen wir zur Abwechslung mal: auf eine ansehnliche Bikinifigur achten. Zu dumm nur, dass in Deutschland nur rund drei Monate lang Bikinizeit ist.

Was macht man dann die restlichen Monate des Jahres? Die reichen vielen Männern, um zu erkennen, dass ihre neue Flamme zwar hübsch, dafür aber intolerant, oberflächlich und gebieterisch ist und nur ein einziges Hobby hat: Geld ausgeben. Doch dann ist es leider zu spät, um zu begreifen, dass nicht alles Gold ist, was noch so glänzend aussieht.

Frauen sind im Team stark

Wer immer noch glaubt, Teamarbeit sei etwas für Frauen und Softies, hat einige aktuelle Entwicklungen verschlafen: Wassermannzeitalter, Kommunikationszeitalter, Web 2.0, weltweite kreative, soziale und wirtschaftliche Netze, Globalisierung – alles nie gehört? Dann erkläre ich das jetzt mal anhand eines ganz einfachen Beispiels.

Sie halten ein Buch in der Hand. Zwei Leute haben es geschrieben – immerhin schon mal ein bisschen Teamarbeit. Doch dann gibt es noch die Lektorin, die die Texte checkt. Außerdem den Illustrator, der die netten Pinguine gezeichnet hat. Es gibt den Layouter, die Druckerei, den Verkauf, die Presseabteilung und den Buchhändler – ein Riesenteam. Je besser sich die einzelnen »Zellen« kennen und schätzen, desto besser die Resultate.

Frauen sind gute Teamarbeiter. Das liegt vielleicht daran, dass die Familie hier das beste Vorbild liefert. Die funktioniert nämlich nur als Team. Wenn keiner sich für den anderen interessiert und der Einzige, der was zu sagen hat, der Haustyrann ist, landen alle irgendwann in der Psychiatrie oder im Knast.

Groß ist das Geschrei, wenn unsere Kinder Tyrannen werden. Doch Tyrannen in der Vater- oder Mutterrolle sind auch nicht besser. Es gibt klare Belege für die Effektivität von Teamarbeit: Teamworker können gut zuhören, gemeinsam Ziele und Visionen entwickeln, sie können loben, auch mal »Danke« sagen, und sie legen Wert auf Offenheit und Freude am Job. Gute Teams erhöhen die Arbeitszufriedenheit. Die Intelligenz der vielen verbessert die Effizienz. Davon profitiert nicht zuletzt der Alleinherrscher im Chefsessel. Und es ist zwar gemein, dass der sich mit fremden Federn schmückt, aber nur fair, dass ihn dafür alle doof finden.

Männer wollen stets der Boss sein

Männer sind Einzelkämpfer. Brummifahrer, Fensterputzer, Programmierer, Gewichtheber – am liebsten wollen sie abends nach Hause kommen und sagen: »Ich hab's ganz allein geschafft.« Als Mann verstehe ich das. Als Psychologe muss ich aber sagen: Alles Käse! Genau betrachtet lebt niemand isoliert. Ohne seinen Trainer würde selbst der Gewichtheber nichts stemmen. Natürlich wollen Männer gerne Chef sein. Mit dickem Firmenwagen und dickem Gehalt. Umfragen zeigen, dass Frauen vor allem mit anderen Menschen zusammenarbeiten und Männer vor allem Verantwortung übernehmen wollen (als ob sich das ausschließen würde). So weich der Chefsessel auch sein mag und sosehr es einem das Gefühl von Überlegenheit geben mag, unschuldige Praktikantinnen herumzubefehlen – ein guter Chef zu sein, ist ein verdammt harter Job. Er erfordert nicht nur gesundes Selbstbewusstsein, sondern auch soziale Intelligenz.

2006 hat der Personaldienstleister »Kelly Services« über 70 000 Angestellte in 28 Ländern befragt, wie zufrieden sie mit ihrem Chef sind. Die Ergebnisse waren katastrophal: haufenweise Versager in Nadelstreifen, die weder Führungsqualitäten noch Teamgeist besitzen. Schlechte Chefs können keine Anerkennung zum Ausdruck bringen und kennen auch nicht das Wort »danke«. Sie schaffen es nicht mal, ihren Mitarbeitern zu erklären, worum es in der Firma überhaupt geht. Feedback? Fehlanzeige! Dafür jede Menge Kontrollwut. Schlechte Chefs sind Egoisten. Statt für eine gute Atmosphäre zu sorgen, erzeugen sie Konkurrenzdruck und Stress im Büro. Mangels menschlichen Interesses machen die Angestellten nur noch Dienst nach Vorschrift und haben innerlich längst gekündigt. Mit der Firma geht es daher bergab, und schließlich landet auch die Chefetage im Graben.

Abends kommt der Exboss weinend nach Hause. Er hofft auf weiblichen Trost. Seine Frau aber ist ins Kino gegangen. Nach Problemlösung im Team steht ihr der Sinn schon lange nicht mehr.

Anne

Bei Frauen ist der Körper hormongesteuert …

Hormone können richtige Quälgeister sein, doch meist meinen sie es nur gut mit uns. Hormone spielen in den Steuerungsvorgängen des menschlichen Organismus eine zentrale Rolle. Sie beeinflussen beispielsweise den Schlaf, die Lust auf Sex, den Stoffwechsel, Haut und Haar.

Natürlich wirken sich Hormone auch auf die Psyche aus – bei Männern ebenso wie bei Frauen. Bekanntlich sind Frauen an ihren Tagen labiler und neigen dann eher zu Stimmungsschwankungen. Während der Wechseljahre sorgen Hormonumstellungen nicht nur für Veränderungen im Körper, sondern wirken sich auch auf die Laune aus.

Dennoch: In erster Linie beeinflussen Hormone den *Körper* der Frau, was man gut am Östrogen beobachten kann. Östrogen, das weibliche Geschlechtshormon, wird hauptsächlich in den Eierstöcken gebildet. In der Pubertät sorgt es dafür, dass aus Mädchen Frauen werden. Östrogen löst den Eisprung aus, wirkt sich aber auch auf die Knochendichte, den Cholesterinspiegel und das Gewebe aus. Die rundlichen Formen sind ebenfalls Folge eines hohen Östrogenspiegels und zunächst ja auch nur ein rein körperliches Phänomen. Diese können sich allerdings auf die Stimmung niederschlagen, denn eine Frau, die mit ihrer allzu weiblichen Figur hadert, wird leicht unzufrieden.

Im Gegensatz zu Männern werden Frauen jedoch nicht gleich verrückt, nur weil die Hormone mal spinnen. Sie verlieren nicht Kontrolle und Anstand. Weder werfen Frauen Schaufenster ein, noch zetteln sie Kriege an. Sie erwürgen keine Konkurrentinnen und versuchen auch nicht, ständig als Sieger aus Komasauf-Wettbewerben hervorzugehen.

Wenn Männer ihre Partnerin anschreien, können Sie sicher sein, dass es das Testosteron ist. Wird eine Frau in der Beziehung laut, so liegt das eher daran, dass sie sich unverstanden oder mies behandelt fühlt. Und wo liegt dafür die Ursache? Sicher nicht in ihrem, sondern wiederum nur in seinem Hormonspiegel.

... bei Männern der ganze Kerl

Wussten Sie, dass das weibliche Geschlechtshormon Östrogen auch im männlichen Hoden produziert wird? Allerdings nur in winzigen Mengen, weshalb wir Männer weder Brüste noch runde Hüften kriegen, es sei denn, wir gleichen das Hormondefizit durch starken Biergenuss aus. Testosteron – so heißt das Hormon, das aus Männern Männer macht, für Bärenstimme, Haare auf der Brust und Kugelbizeps sorgt. Dummerweise wirkt sich das Sexualhormon aber auch auf das männliche Verhalten im Job, in der Liebe und auf der Fanmeile aus. Und das nicht zu knapp.

Ein ordentlicher Testosteronspiegel sorgt dafür, dass viele Männer Kickboxen super finden, während sie Tai Chi für Schwulengymnastik halten. Testosteron macht Männer zu Rasern im Auto, Angebern in der Kneipe und Losern, wenn es um die Babypflege geht. Das Machohormon ist sogar schuld an schlechten Witzen: Britische Forscher haben nachgewiesen, dass die Wahrscheinlichkeit, dumme Witze auf Kosten anderer zu machen, mit wachsendem Testosteronspiegel steigt.

Und dann erst der Sex! Hormonbedingt denken Männer alle sieben Minuten an Sex – nicht nur mit ihrer Liebsten, sondern auch mit der Brünetten aus dem Büro oder der Blonden von nebenan. Selbst erwachsene Familienväter können es nicht lassen, pubertären Cheerleadern hinterherzugaffen. Untersuchungen zeigen übrigens, dass Männerhormone Männer gar nicht glücklich machen: Je weniger Testosteron die Versuchsteilnehmer hatten, desto ausgeglichener und zufriedener waren sie.

Das sind nun gute Aussichten für reife (männliche) Leser. Jenseits der vierzig sinken die Testosteronwerte jährlich um rund ein Prozent. Wer also achtzig oder älter wird, hat gute Chancen, zur Ruhe zu kommen und junge Frauen samt erfolgreichen Brustvergrößerungen links liegen zu lassen. Dann ist es endlich wieder Zeit, auch mal mit dem Kopf zu denken und nicht wie bisher mit der Hose.

Frauen wissen, dass sie sich auf ihre Intuition verlassen können

»Man sieht nur mit dem Herzen gut. Das Wesentliche ist für die Augen unsichtbar.« Dieser berühmte Satz von Antoine de Saint-Exupéry war im Mittelalter leider unbekannt. Und so wurden haufenweise Frauen verbrannt, nur weil sie Dinge »sahen«, für die es keine sichtbaren Anhaltspunkte gab – etwa die Wirkungen der Mondphasen oder die Heilkraft bestimmter Kräuter.

Ob ich eine Hexe bin, weiß ich nicht. Jedenfalls kann ich »spüren«, wie es meinen Katzen geht, ob ich einem anderen Menschen trauen kann oder ob es gerade wichtig wäre, meine Tochter anzurufen. Meist stellt sich dann heraus, dass ich mit meinem Bauchgefühl richtig lag.

Dass Frauen eine bessere Intuition haben als Männer, liegt vor allem daran, dass sie in ihrer Umgebung mehr Details wahrnehmen. Frauen haben feinere Antennen. Sie spüren es, wenn in einem Raum dicke Luft herrscht. Auch merken sie, wenn ihr Partner ihrem Blick ausweicht, während er ganz »neutral« von einer neuen Kollegin erzählt. Frauen können schnell zwischen Schein und Sein unterscheiden. Meine Freundin Sabrina kann beispielsweise genau voraussagen, ob es bei einem flirtenden Paar etwas werden wird, und sogar, ob es nur ein One-Night-Stand oder eine feste Beziehung wird.

Man muss es nicht gleich als »übersinnlich« bezeichnen, dass Frauen einen feineren Sinn für Gefühle, Mimik und Untertöne haben. Es gibt eben nur verschiedene Arten der Intelligenz. Mit emotionaler Intelligenz, die im Herzen sitzt, tun Männer sich oft schwer, obwohl ich auch viele Männer kenne, die ihr Herz durchaus an der richtigen Stelle haben. Noch schwerer aber tun sie sich mit intuitiver Intelligenz – die kann nur der nutzen, der bei wichtigen Entscheidungen auch mal den Kopf ausschalten und sich auf seinen Bauch verlassen kann. Und offenbar sind es doch eher die Frauen, die nicht nur ihr Herz, sondern auch ihren Bauch an der richtigen Stelle haben.

Männer glauben nur das, was sie sehen

War ja klar, dass Anne das Zitat von Antoine de Saint-Exupéry bringen würde. Und sicher wusste der Autor von »Der kleine Prinz« auch sehr gut, dass die wesentlichen Dinge nicht in Zahlen und Fakten, sondern im Herzen und der eigenen Phantasie gründen. Ob Saint-Exupéry allerdings Tarotkarten gelegt, Astrologiebücher gelesen, mit Wünschelrute durch sein Schlafzimmer gelaufen und durch Channeling Kontakt zu seiner verstorbenen Oma aufgenommen hat, bezweifle ich doch sehr.

Was mich betrifft, so unterscheide ich klar zwischen Aberglaube und Intuition. Beide Phänomene finde ich interessant, aber wirklich beeindruckt bin ich nur von der Intuition. Möglicherweise haben Frauen tatsächlich den besseren Kontakt zu ihrem Bauchgefühl. Ob Liebe, Abneigung, Vertrauen oder Stimmungen – all das lässt sich nicht messen.

Auch sollte man Zahlen, Fakten und vermeintlichen Kausalitäten ruhig öfter misstrauen. In Experimenten hat sich gezeigt, dass Geldanlagen nach Lust und Laune genauso gut funktionieren, wie wenn man Börsenanalysen vertraut. Auch Aussagen wie »30 Prozent aller Heroinkonsumenten haben vorher Hasch geraucht, also fördert Hasch den Einstieg in harte Drogen« sind Quatsch: Immerhin haben auch 99 Prozent aller Heroinkonsumenten früher Milch getrunken – und was lernen wir daraus? Nichts. Es gibt unterhaltsame Bücher, die auf Irrtümer in Statistiken aufmerksam machen. Dabei hapert es vor allem bei der Deutung.

Männer sind allerdings keine Rechenroboter. Auch sie haben Gefühle und einen sechsten Sinn. Wenn sie sich verlieben, fragen sie nicht nach Blutwerten und fordern auch keinen Gentest ihrer Liebsten ein. Trennt man sich nach einem Jahr wieder, ist jedoch klar, dass auf Herz und Bauch auch nicht immer Verlass ist. Da hätte ein Blick in die Statistik geholfen, denn die weiß, dass heute gut jede dritte Ehe wieder geschieden wird …

Anne

Frauen wollen gern im richtigen Hotel ankommen

Als kleines Mädchen wurde ich hinten ins Auto gesetzt, und dann ging es ab in den Urlaub. Papa ist gefahren, wir sind tatsächlich irgendwann angekommen, und es entstand der Eindruck, dass Papas unfehlbar sind. Frauen mit besserem Gedächtnis erinnern sich aber auch noch an all die Streitereien, weil ihr Papa in die Irre fuhr und ihre Mama verzweifelt versuchte, ihn wieder auf den rechten Weg zu führen. Tatsache ist, dass Männer auch keinen Kompass im Kopf haben.

Vor einigen Jahren wollten wir Urlaub am Gardasee machen. Wir hatten ein Hotel gebucht. Nachdem Jan zweimal auf der falschen Autobahn gelandet war, fuhr er schließlich auch noch an der Ausfahrt »Rovereto Sud« vorbei. »Da hätten wir jetzt rausfahren müssen«, sagte ich. »Ach Quatsch, da kommt bestimmt noch eine Ausfahrt«, erwiderte er – es folgten dreißig Kilometer Umweg bei Saunatemperaturen im Auto. Als wir deutlich zu spät in Malcesine ankamen, sagte ich: »Mensch, Jan, bei der letzten Kreuzung hättest du links abbiegen müssen«, worauf er nur die Schultern zuckte und verbissen weiterfuhr. Fünfzehn Minuten später fragte ich ihn, ob wir nicht mal bei der Tankstelle fragen sollten, worauf er nur meinte: »Ach wo, die paar Meter – das finde ich schon.« Dass wir dann in den Bergen, in die wir gar nicht erst hätten fahren dürfen, noch einen Platten hatten, war nicht seine Schuld. Am Ende war unser Hotelzimmer jedoch vergeben. Aber »zum Glück« hatten sie noch eins: unter dem stickigen Dach zwar, viel zu klein auch, doch dafür mit Aussicht auf die Mülltonnen.

Männer sind Einzelkämpfer. Kommunikation finden sie albern. Wer nach dem Weg fragt, gibt nur zu, dass er sich verfahren hat. Niemals! Probleme sind schließlich dazu da, um ganz alleine gelöst zu werden. Männer fahren lieber mit ihrer total entnervten Familie in die Prärie, als mal kurz das Fenster runterzukurbeln. Als Sturkopf und Besserwisser ist ein Mann aber nicht nur geografisch, sondern auch beziehungstechnisch völlig auf dem Holzweg.

Männer hassen es, nach dem Weg zu fragen

Es ist noch gar nicht so lange her, dass weiße Siedler kreuz und quer durch Amerika fuhren – und das nicht etwa im Wohnmobil, sondern im Planwagen. Obwohl es damals weder Autobahnraststätten noch vernünftige Wegweiser gab, haben die meisten von ihnen trotzdem ein gemütliches Plätzchen gefunden – ausgenommen diejenigen, die zuvor von Indianerpfeilen durchbohrt wurden.

Hindernisse sind dazu da, um überwunden zu werden. Bei allem Respekt vor weiblichem Teamgeist – aber beim »Nach-dem-Weg-Fragen« habe ich schlechte Erfahrungen gemacht. Einmal wollte ich nach Bergen aan Zee (»Zee« heißt im Niederländischen »Meer«). Neben dem kleinen Ort Bergen aan Zee, der direkt am Strand liegt, gibt es auch noch ein größeres Bergen einige Kilometer weiter landeinwärts.

Im Bemühen um einen repräsentativen Querschnitt der Bevölkerung habe ich eine stillende Mutter, einen jungen Geschäftsmann, einen Araber mit Ledersandalen und einen gelangweilten Teenager befragt – und jeder hat mich woanders hingelotst. Nach einer kleinen Odyssee stieß ich auf einen Wegweiser, den ausnahmsweise mal kein Idiot aufgestellt hatte. Endlich am Ziel, dachte ich mir, dass Männer sich eben nur auf sich selbst verlassen sollten.

Oder auf ihr GPS. Seit einem Jahr fahre ich nur noch mit Navi. Das irrt zwar auch gelegentlich, aber komischerweise vertraue ich darauf, dass technisches Versagen deutlich seltener eintritt als menschliches. Und wenn man das falsche Bergen eintippt, ist man ja wohl selber schuld und nicht das Navigationssystem.

Frauen lieben Ehrlichkeit …

In seinem Bekanntenkreis bekommt man mit, wie oft Partner sich belügen beziehungsweise dem anderen gegenüber Dinge verheimlichen, statt offen zu sein. Andererseits frage ich mich oft, wie viel Ehrlichkeit eine Beziehung eigentlich verträgt. In Diskussionen wird dann immer wieder klar, dass Frauen Aufrichtigkeit in Zweierbeziehungen für ein absolutes Muss halten. Eine repräsentative Befragung von jungen Frauen zwischen 16 und 28 kam zu demselben Schluss. Das ist insofern erstaunlich, als man jüngeren Leuten gerne eine gewisse Unverbindlichkeit und Orientierungslosigkeit unterstellt. Und doch gaben die befragten Frauen ausnahmslos an, dass Ehrlichkeit und Treue ihnen sogar wichtiger seien als Status oder Aussehen.

Um den Werteverfall brauchen wir uns offenbar keine Sorgen zu machen. Und das ist auch kein Wunder, denn Frauen brauchen Vertrauen, um planen zu können. Für sie ist es wichtig, Lüge von Wahrheit unterscheiden zu können, Schein von Sein. Das Problem ist nämlich, dass viele Männer oft nur eines wollen, wenn sie eine Frau kennenlernen – sie schnell auf die Matratze kriegen. Und wie es aussieht, ist ihnen dabei jedes Mittel recht. Was macht es da schon, ein wenig zu »schwindeln«?

Später erfahren wir dann von unserer Freundin, dass dieser Jasper nie über den Atlantik gesegelt ist und noch nicht mal den Segelschein hat. Er besitzt auch kein Haus an der Riviera und ist nicht etwa Schriftsteller, sondern Nachhilfelehrer. Und Single ist er natürlich schon gar nicht, sondern Familienvater samt Frau, drei Kindern und Blacky, dem Pudelmischling.

Und was lernen wir daraus? Glauben Sie nicht alles, was Sie hören. Fordern Sie Beweise: Fotos von ihm und seiner Villa/Jacht. Bitten Sie ihn, Ihnen seinen neuen Roman mitzubringen. Und werfen Sie einen Blick in sein polizeiliches Führungszeugnis. Anschließend können Sie dann immer noch beruhigt besagte Matratze mit ihm aufsuchen.

… und Männer geben gerne an

Ein Mann, der einer Frau am ersten Abend weismachen will, dass er Astronaut ist, ist entweder ein ausgemachter Phantast oder ein ausgemachter Esel. Ein Klick im Internet – und der Schwindel fliegt auf. Auf der anderen Seite sollte man natürlich immer strikt zwischen Lüge und Angeberei unterscheiden.

Ein Beispiel für eine Lüge: »Warum kommst du heute so spät, Schatz?«, fragt sie. »Ach – es liegen noch Stapel von Arbeit auf meinem Schreibtisch. Ohne Überstunden schaffe ich das nie«, antwortet er – und war in Wirklichkeit mit Hildrun in der Sauna.

Lügen haben kurze Beine. Mit Aufschneiderei ist es etwas anders – da dauert es oft Jahre, bis Jane merkt, dass ihr Tarzan im Grunde ein Softie ist. Allerdings habe ich einen Tipp für alle Leserinnen: Wenn Ihr Partner etwas dick aufträgt, ist das nicht böse gemeint. Männer wollen Helden sein. Sie müssen Eindruck schinden. Schon als kleine Jungs bekommen sie nämlich zu hören, dass nur der etwas ist, der auch »toll ist«.

Bereits im Kindergarten geben Jungs damit an, dass ihr Papa der Stärkste sei. Und obwohl sie noch nicht mal mit dem Tretroller klarkommen, erzählen sie, dass sie schon freihändig Rad fahren und gleichzeitig Blasrohr schießen können.

Der Drang zum männlichen Imponiergehabe ist teils anerzogen, teils angeboren. Schon sehr früh treten Jungs miteinander in verbale Konkurrenz. Im Mannesalter geht es dann munter so weiter – und oft um Superlative: Wer hat den höchsten Berg bestiegen, wer die meisten Frauen abgeschleppt? Wer hat das schnellste Auto? Und schließlich: Wer hat den Längsten? Männer tragen dabei gerne ein bisschen zu dick auf – wie der Pfau eben, der balzend sein Rad schlägt.

Aber Hand aufs Herz, meine Damen: High Heels, Dauerwelle, Make-up und Brust-OPs – sind das nicht auch ziemlich dick aufgetragene Scheinpräparate? Und die sind ja nun ganz und gar weibliche optische Täuschungen, stimmt's?

Anne

Frauen können nur Männer lieben, die sie auch gut riechen können

Wenn's um die Liebe geht, haben Frauen den empfindlicheren Riecher als Männer. Tatsächlich haben Forscher entdeckt, dass Frauen besser riechen – nicht unbedingt im passiven Sinne, dass sie also angenehmer duften würden (obwohl auch das meist der Fall ist), sondern im aktiven: sie haben den feineren Geruchssinn – und das vor allem während ihres Eisprungs. Frauen können buchstäblich »erschnuppern«, ob ein Mann gut zu ihnen passt oder nicht. In Sekundenschnelle werden Gerüche über die Riechzellen in der Nase an das limbische System im Gehirn geleitet. Der richtige Duft kann dort ekstatische Gefühle wecken, der falsche hingegen die Flucht einleiten. Grund dafür sind die Pheromone, Lockstoffe, die produziert werden, um einen Partner anzulocken.

Männer und Frauen, deren Immunsysteme stark voneinander abweichen, bieten dem Nachwuchs optimale Chancen, und so fühlen sie sich instinktiv zueinander hingezogen. Wenn Frauen eine starke Anziehungskraft zu einem Mann verspüren und von seiner »tollen Ausstrahlung« erzählen, können Sie wetten, dass damit nicht zuletzt sein angenehmer Geruch gemeint sein dürfte.

Wir Frauen haben Ähnlichkeit mit einem Nasenbären – zum Glück nicht optisch gesehen, sondern eher im sexuellen Sinne: mit einem Partner, den wir nicht gut riechen können, können wir nichts anfangen. Während Männer eher voyeuristisch veranlagt sind, legen Frauen in der Erotik Wert auf Sinnlichkeit. Natürlich gehört dazu auch das Äußere – der Raum, das Licht, die passenden Bilder an den Wänden. Aber ebenso muss es sich schön anfühlen (Samt & Seide) und gut anhören (Simon & Garfunkel). Und vor allem muss er gut riechen – nicht »es«, sondern »er«, denn von Duftkerzen und Aftershave lassen Frauen sich nicht täuschen. Wenn der Eigengeruch des Liebhabers nicht den gewünschten genetischen Code aufweist, wird es nichts mit Flitterwochen. Sich die Nase zuzuhalten, hilft zwar kurzzeitig – aber dreißig Ehejahre lang hält das doch niemand aus.

Jan

Männer halten sich notfalls die Nase zu, wenn die Figur stimmt

Kennen Sie den Film »Duft der Frauen«? Al Pacino spielt darin einen Blinden, der attraktive Damen erschnuppern kann. Das ist jedoch die absolute Ausnahme, denn Männer sind visuelle Wesen. Eine Frau, die aussieht wie Claudia Schiffer in ihren besten Jahren, werden sie auch dann nicht von der Bettkante stoßen, wenn sie wie ein Bratwurststand riechen sollte. Ganz egal ist der Duft einer Frau Männern aber auch nicht. Ich hatte einmal eine Freundin, die starke Raucherin war, aber toll aussah. Oft musste ich mir – mental, in Wirklichkeit war das natürlich unmöglich – die Nase zuhalten. Die Beziehung dauerte nicht lange. Auch Alkohol und Knoblauch sind für mich echte Lustkiller. Ebenso bestimmte Schweißaromen. Frauen, habe ich mal gelesen, sollen ja sogar auf die Pheromone im männlichen Schweiß positiv reagieren. Männer sind da nicht so subtil.

Aber selbst Männer können diese Parfümwolken, in die Frauen sich gerne hüllen, nicht überriechen. Was wollen Frauen nur damit erreichen? Ich kenne keinen Mann, der pappsüße, fast schon greifbar klebrige Duftwolken mag. Ich kann mir nur vorstellen, dass Frauen damit Düfte, die sie selber wahrnehmen, die Männer aber nie und nimmer bemerken würden, überduften wollen. Frauen, lasst das bleiben! Uns Männer nervt es eher! In Amerika kämpfen Organisationen sogar schon juristisch um frische Luft am Arbeitsplatz. Kein Wunder – die Zahl der Duftstoffallergiker hat sich in den letzten beiden Jahren verdoppelt.

Bekanntlich haben Männer größere Nasen als Frauen. Viel hilft das nicht. Aber so schlecht, wie manchmal behauptet wird, riechen sie damit auch wieder nicht. Jedenfalls nicht schlecht genug, um zuweilen, wenn sie es mal wieder mit dem teuren Duftwässerchen übertrieben hat, nicht mit Fug und Recht behaupten zu können: »Ich gehe jetzt – mir stinkt's!« Männer sind eben manchmal ganz anders als Frauen. »Ne te lave pas, je reviens«, schrieb Napoléon Bonaparte aus dem Feldlager an seine Joséphine. »Wasch dich nicht, ich komme heim.«

Frauen bewahren den Überblick

Bitten Sie Ihren Mann bloß nie, Ihnen den Senf aus dem Kühlschrank mitzubringen. Oder ein Pflaster aus dem Badezimmer. Oder die Gummistiefel Ihrer Tochter aus dem Kindergartenfach. Ein Mann sieht nur, was er direkt vor der Nase hat – schon ein Zentimeter zu weit links oder rechts, und er kommt garantiert mit leeren Händen zurück.

Im Gegensatz zu Männern haben Frauen einen Blick fürs Ganze. Das liegt auch an den Genen: Frauen verfügen über doppelt so viele X-Chromosomen wie Männer (nämlich über zwei) und somit über mehr Farbzellen in der Netzhaut. Sie können aber nicht nur Farben detaillierter wahrnehmen, sondern haben auch ein breiteres Gesichtsfeld – ihr Blick entspricht eher einem Flutlicht als dem gebündelten Strahl einer LCD-Taschenlampe. Schon kleine Mädchen sehen ihre Umgebung als Gesamtszenerie und sind entsprechend »um-sichtiger«. Sie werden deutlich seltener von Autos angefahren. Das Kätzchen auf der anderen Straßenseite kann noch so süß sein – sie werden trotzdem nicht einfach rüberlaufen, sondern zuvor die Straße abscannen.

Beim Flirten bringt der Großraumüberblick gewaltige Vorteile: Während ihr Freund sich mit einem Kollegen unterhält, kann eine Frau vom Bistrotisch aus völlig unauffällig Blicke schweifen lassen. Fremde Männer, die gut in ihr Beuteschema passen, wird sie dabei problemlos aufspüren, selbst wenn sie in der dunkelsten Ecke sitzen. Im Gegensatz dazu wird ein Mann das Objekt seiner Begierde anglotzen, als käme es vom Mond, was doch recht auffällig ist.

Ihr erweitertes Blickfeld macht Frauen zur perfekten Überwachungskamera. Während sie abspült, erkennt sie, dass der Stuhl, auf dem ihr Kleinster sitzt, wackelt. Während sie mit ihrer Freundin telefoniert, kriegt sie mit, dass ihr Freund in der Küche heimlich Schokolade isst. Oder dass er sich schon das dritte Bier geholt hat. Komisch – das steht doch auch im Kühlschrank, und er hat es trotzdem gefunden.

Männer finden noch nicht einmal die Butter im Kühlschrank

Diese Überschrift ist mal wieder typisch. Ich meine, es gibt doch wohl Wichtigeres als Butter! Ohnehin hat Butter viel zu viel Cholesterin. Natürlich mag es sein, dass Männer eher auf Scharfblick als auf Überblick gepolt sind – aber das hat ja schließlich auch gute Gründe: Um mit Pfeil und Bogen ein Eichhörnchen zu erlegen, muss ein Jäger die Fähigkeit besitzen, sein Opfer genau zu fixieren. Und in mageren Zeiten, wenn gerade weder Wildschwein noch Hirschkuh zu finden sind, sollte er auch Kleinvieh zielsicher treffen können, denn das macht bekanntlich auch Mist.

Männer haben einen Tunnelblick. Sie sehen besser im Dunkeln und auch besser auf weite Entfernungen. Das macht die Arbeitsaufteilung zwischen Mann und Frau doch eigentlich um einiges leichter. In der Nacht Auto fahren? Da sollten Frauen lieber ihn ans Steuer lassen.

Geht es aber darum, Senf aus dem Kühlschrank zu holen oder gar umfassende Lebenskonzepte zu entwerfen, sollten lieber die Frauen ran. Männer neigen nämlich dazu, auch ihre Lebensziele zu verfolgen, ohne dabei nach rechts und links zu schauen. Das hat große Nachteile, denn die wirklich wichtigen Dinge erkennt man oft auf dem Weg und nicht erst am Ziel.

Vermutlich können die meisten Frauen ganz gut damit leben, dass ihr Partner so unwichtige Dinge wie die Pinzette, die Salatsoße oder den Salzstreuer übersieht. Für Frauen, deren Männer wie Maulwürfe durch die Welt laufen, gilt: Solange er nur Augen für seine Liebste hat, sollte sie lieber auch in Zukunft ein Auge zudrücken.

Anne

Frauen glauben, dass sie mit aufmerksamen Männern glücklich wären ...

Natürlich muss ein Mann einer Frau nicht alle Wünsche von den Augen ablesen können. Aber ein Partner, der bei der Stimmung seiner Freundin den Unterschied zwischen einer endogenen Depression und einem Sechser im Lotto erkennt, wäre schon gut. Was mich betrifft, so habe ich Glück, bin ich doch mit einem Therapeuten verheiratet. Solche Leute verstehen von Berufs wegen einiges von der Seelenlage ihres Gegenübers.

Von Klientinnen bekomme ich aber oft zu hören, dass ihre Partner einfach kein Ohr für sie haben. Trotzdem ist die Aussage »Männer können nicht zuhören« Unsinn. Erzählen Sie einem Mann mal, dass ihm jemand beim Ausparken wohl ordentlich in den Kotflügel gerumst sein muss, da Sie gerade die Schramme in seinem Auto bemerkt haben – dann werden Sie schon merken, dass es jedenfalls nicht am Gehör liegt.

Wenn Männer sich taub stellen, hat das meist psychologische Gründe. Was ein Mann nicht versteht, das verdrängt er eben lieber. Und aus ebendiesen Gründen wünschen sich Frauen oft einen Frauenversteher. So nennt man Männer, die einfühlsam sind und ihre weiblichen Seiten nicht verleugnen. Der typische Frauenversteher ist einziger Sohn (und meist einziges Kind) seiner Mutter und von jung an daran gewöhnt, mit seiner Mama auf Kuschelkurs zu gehen. Da hat er frühzeitig gelernt, dass die Machotour nicht zieht, sondern dass ein paar weibliche Fähigkeiten das friedliche Miteinander leichter machen, weniger Stress verursachen und Frauen zugänglicher werden lassen.

Die Vorteile von Männern, die die Sorgen einer Frau ernst nehmen, liegen auf der Hand: sie können zuhören, in Modefragen mitreden, kennen sich mit zwischenmenschlichen Problemen aus und vergessen nie das Geburtstagsgeschenk. Eines sollten Frauen jedoch wissen: Um einen Mann in einen Frauenversteher zu verwandeln, reicht ein Hörgerät nicht aus. Das erfordert viel Geduld und eine Spritzenkur mit weiblichen Geschlechtshormonen.

... doch echte Männer können nun mal nicht zuhören

Frauen, die behaupten, dass sie sich einen Frauenversteher an ihrer Seite wünschen, machen sich die Folgen selten klar. Von sehr wenigen Ausnahmen abgesehen, sind Frauenversteher nämlich auch Weicheier, Glatzenföhner, Balkonraucher, Kondomzuknoter, Joghurtdeckelabschlecker und Cabriogeschlossenfahrer eben, Männer, die weinen, wenn sie »Bambi« im Kino sehen. Wollen Frauen das wirklich?

Nichts gegen Einfühlungsvermögen, aber im Zweifelsfall entscheiden Frauen sich lieber für einen echten Kerl. Einen Mann, der sie aus dem brennenden Haus retten würde. Einen Begatterich, der ihr fünf Kinder macht und nebenbei noch ein Vermögen, da er sich auch im Job durchbeißen kann. Einen Beschützer, der nicht davor zurückschreckt, seine Liebste gegen eine ganze Rockerbande zu verteidigen.

Dass Männer schlecht zuhören, liegt nur daran, dass sie Informationen blitzschnell filtern. Ob Jäger, Indianer oder Rambo: Richtige Männer trainieren ihr Gehör seit jeher darauf, nur das Überlebenswichtige zu hören – ob ihr Auto kaputt ist, ob ihnen die Kündigung bevorsteht oder ob Bayern München gegen Real Madrid verloren hat. Friseurtermine oder der Verlust des Vollkornplätzchenrezepts interessieren sie weniger.

Muss man denn wirklich alles hören, was eine Frau so heraussprudelt? Ich glaube, das wäre für die Beziehung letztlich gar nicht so gut. Frauen fühlen sich zwar zu sogenannten »Frauenverstehern« hingezogen – aber nicht wie zu einem männlichen Beschützer, sondern eher wie zu einem netten, aber asexuellen Kumpel. Dass Männer ihr Gehör unter Kontrolle haben, gehört zur wirklichen Männlichkeit. Bei dem, was Frauen an Paradoxa und Merkwürdigkeiten produzieren, hat sowieso selbst der beste Zuhörer keine Chance. Daher halte man sich lieber an Einstein: »Manche Männer bemühen sich ein Leben lang, das Wesen einer Frau zu verstehen. Andere befassen sich mit weniger schwierigen Dingen, zum Beispiel der Relativitätstheorie.«

Anne

Frauen schätzen saubere Badezimmer

Wissen Sie, warum an zahlreichen Toiletten weltweit ein Piktogramm klebt, auf dem ein durchgestrichener Stehpinkler zu sehen ist? Sie haben es erraten: Weil die meisten Männer nicht lesen können.

Gastwirte, Tankstellenbesitzer, Klo- und Hausfrauen wissen nur zu gut, wie Kloschüsseln und -böden aussehen, wenn Männer mal wieder über das Ziel hinausgeschossen haben. Kein Mann kann da irgendwas verheimlichen. Die Sauerei ist schnell entdeckt – man sieht die hochgeklappte Klobrille und kann die »Wasserzeichen« rund um die Schüssel leicht deuten. Ist es denn wirklich so schwer, sich auf eine Klobrille zu setzen?

Mit Pingeligkeit oder Reinlichkeitsfimmel hat es übrigens wirklich nichts zu tun, wenn Frauen sich ein sauberes Bad wünschen. Das Zeug wegzuputzen ist selbst mit Gummihandschuhen noch eklig genug. Es einfach kleben zu lassen, ist auch keine Lösung, denn schnell riecht es dann wie in den Pissoirs am Hauptbahnhof. Sicherlich: Die Erfindung des Pissoirs kommt dem männlichen Bedürfnis nach Standfestigkeit entgegen. Bei der Reinigung von Pissoirs sind allerdings Profis am Werk. Mit Dampfstrahler, Chlor und Schutzbrille. Aber mal ehrlich: Wollen Sie so durch Ihr Badezimmer laufen? Oder gar die Profis holen?

Dass Männer lieber im Stehen urinieren, hat nichts mit hygienischen Bedenken zu tun. Bei hypochondrischer Veranlagung ist die Klobrille schnell mit Papier abgedeckt. Nein: Stehpinkler sind einfach nur stur. Sie wollen ihren Mann stehen – und warum auch nicht, das können sie ja. Stehenden Fußes können sie sich dann schon einmal daran gewöhnen, dass ihre Liebste sie wohl auch bald stehen lassen wird, wenn sie nicht endlich mal lernen, bitte schön Platz zu nehmen.

Männer können es nicht lassen, im Stehen zu pinkeln

»Ich war's nicht! Das Klo war schon total versifft, als ich reingegangen bin. Da kann man doch wohl nicht erwarten, dass ich mich da draufsetze.«

Die Ausrede ist nicht schlecht. Sie funktioniert aber nur bei Bahnhofstoiletten oder Tankstellenklos im arabischen Raum (wo ohnehin keiner auf die Idee käme, sich hinzusetzen, da es dort vorwiegend Stehklos gibt). Zu Hause wie auch bei Freunden ist es hingegen recht ungehörig, sich auf seine Zielsicherheit zu verlassen.

Beim Pipimachen in der Senkrechten gibt es zwei heikle Augenblicke: Anfang und Ende. Gutes Zielen ist erst möglich, wenn ein vernünftiger Strahl zustande gekommen ist. Bis die Grundeinstellung und mit ihr die Richtung stimmen, kann von Treffen noch keine Rede sein. Da geht einiges daneben. Am Schluss lassen Männer es dann gern locker auströpfeln. Das geht auch nicht anders, da man beim Pieseln nicht einfach den Hahn zudrehen kann wie am Waschbecken. Bis zur vollständigen Entleerung kommen – je nach Alter – noch einige wenige oder eben nicht ganz so wenige Tröpfchen nach. Nicht alle davon treffen die Schüssel. Einige landen auch auf dem Boden oder gar auf den eigenen Turnschuhen.

Warum aber machen Männer das? Weil es schneller geht? Wohl kaum, denn kein Mann hat es besonders eilig, wieder in die Smalltalkrunde zurückzukehren. Der wahre Grund liegt in den ungeschriebenen Gesetzen, die einen echten Mann vom Weichei unterscheiden. Darin heißt es: Echte Männer trinken Bier nur aus der Flasche, sie gehen in den Boxverein, essen kein Gemüse, sondern (rohes) Fleisch, finden Seife und Zahnseide peinlich – und natürlich pinkeln sie nur unter freiem Himmel. Wo das aber unmöglich ist, da erleichtern sie sich wenigstens im Stehen.

Da echte Männer auch nicht zuhören können, glauben sie das mit den Drohungen erst, wenn aus ihrer Partnerin ihre Expartnerin geworden ist.

Anne

Frauen wählen Männer nach der Dicke ihrer Brieftasche

Oberflächlichkeit ist ein Problem, das vielen Beziehungen im Lauf der Zeit das Genick bricht. Am Anfang ist es noch nicht so schlimm, wenn einer der Partner am anderen nur sein blendendes Aussehen oder sein dickes Bankkonto bewundert – solange die rosarote Brille nur fest genug auf der Nase sitzt, kann nicht viel passieren. Mit der Zeit macht sich dann aber Enttäuschung breit. Und zwar bei beiden.

Obwohl in unserem Freundeskreis keiner sonderlich viel Wert auf Äußerlichkeiten legt, sondern eher auf Qualitäten wie Intelligenz, Humor oder Natürlichkeit achtet, kann ich doch nicht ganz leugnen, dass Frauen immer auch ein wenig an die finanzielle Potenz ihres Partners denken.

»Hast du nichts, bist du nichts.« Geld ist Macht, und Millionär zu sein macht auch nichts. Schließlich ist es schwer, sich von der Sozialhilfe ein kuscheliges Nest mit vier Kindern zu bauen und dann noch ein bisschen Geld für den Bausparvertrag und die Hedgefonds auf die Seite zu legen.

Hinter dem Wunsch nach Geld steht letztlich immer ein Sicherheitsbedürfnis – und das ist bei Frauen oft stark ausgeprägt. Besonders frustrierend allerdings wird es, wenn die Traumstory »vom Tellerwäscher zum Millionär« sich umdreht und zur Albtraumstory wird. Wer einen reichen Mann heiratet, dessen Firma, Güter und Rücklagen allmählich flöten gehen, der hat aber zumindest die Chance, sich wieder auf das zu besinnen, was wirklich wesentlich ist im Leben und in einer Beziehung. Und dazu gehören weder lange Beine noch dicke Brieftaschen.

Männer wählen Frauen nach der Länge ihrer Beine

Früher hatte ich nie Glück mit den Frauen. Allerdings habe ich auch immer viel Wert auf Qualität gelegt. Und das hat sich gelohnt, denn heute bin ich mit einer wunderbaren Frau verheiratet. Mein Freund Kim war da ganz anders. Früher habe ich ihn oft beneidet. Er sieht gut aus, ist charmant und ein Draufgänger. Schon in der elften Klasse hat er Frauen abgeschleppt, die so aufregend aussahen, als kämen sie frisch aus dem »Moulin Rouge«: Sue hatte kurze pechschwarze Haare und sehr lange Beine. Tess hatte eine süße Stupsnase und Sommersprossen und sehr lange Beine. Maartje hatte lange blonde Haare, die ihr bis zum Po reichten, und sehr lange Beine. Zoë hatte eine Traumfigur, einen tollen Busen und ... na, Sie wissen schon.

Ich habe Kim mal gefragt, wie er das macht. Er verriet mir, dass er beim Kennenlernen immer erst mal ein paar unverfängliche Scherze macht, dann den Blick beiläufig senkt, die Augen wie im Schock aufreißt und sagt: »Mensch – das ist ja unglaublich, was du für schöne Beine hast!« (Er hat mir die Szene vorgespielt. Es sah ziemlich albern aus, aber offensichtlich hat es funktioniert.) Kim wollte aber auf keinen Fall für oberflächlich gehalten werden. »Glaub bloß nicht, dass ich Frauen immer nur auf die Beine schaue«, meinte er einmal. »Genauso wichtig ist mir, dass sie pralle Brüste, eine schmale Taille, Pfirsichhaut und trotz der langen Beine keine allzu großen Füße haben.«

Offensichtlich hat Kim sein Hauptaugenmerk wie die meisten Männer auf Äußerlichkeiten gelegt, auf sekundäre Geschlechtsmerkmale und 1-A-Gene, die einem zuzurufen scheinen: »Hasch mich, ich bin der Frühling!«

Inzwischen ist der Frühling vorbei. Kim arbeitet seit Jahren als Fotograf für Modeproduktionen. Er hat immer noch jede Menge sexy Models vor der Linse, fühlt sich aber zunehmend wie ein alternder Junggeselle. Und wer weiß – vielleicht ist er ja wirklich langsam zu alt, um mit langen Frauenbeinen noch Schritt halten zu können.

Anne

Frauen träumen heimlich von Barack Obama ...

Für alle männlichen Leser erst die gute Nachricht: Träume sind Schäume! Eine Frau, die davon träumt, First Lady zu sein, erwacht in den seltensten Fällen im Weißen Haus. Und jetzt die schlechte Nachricht: Auch wenn Frauen selten davon träumen, First Lady zu werden, träumen sie trotzdem von Barack Obama.

Natürlich ist Obama derzeit der mächtigste Mann der Welt. Mit ihm und seiner Air Force One kommt man ganz schön rum. Und er ist sogar hundelieb – doch das ist es nicht. Vielmehr ist seit Langem wieder einmal ein Traummann Präsident der Vereinigten Staaten. Klar – Ronald Reagan ist in zahllosen B-Movies aufgetreten, und Bill Clinton hat es immerhin geschafft, seine Praktikantin zu Unanständigkeiten zu überreden. Aber attraktiv, durchtrainiert oder gar sexy waren die Herren nicht.

Ein Traummann muss Sex-Appeal haben, fit, charmant und selbstbewusst sein. Erfolg ist auch nicht schlecht. Neben Obama kommen also auch Brad Pitt, Johnny Depp, Orlando Bloom und David Beckham infrage. Viele Leinwandgrößen können in einer Frau heiße Phantasien wecken. Und auch wenn sie es nie zugeben würden, haben (auch verheiratete) Frauen erotische Träume, die sich kein Mann träumen lassen würde.

Allerdings stoßen wir schnell auf ein existenzielles Problem: Das, was ist, und das, wovon wir träumen, sind zwei Paar Schuhe. Wir wünschen uns zu Weihnachten Chanel No. 5 und bekommen Eau de Prolet von Aldi. Wir träumen von einem Topjob und arbeiten für einen Dumpinglohn. Wir würden gern in einer Villa in Kalifornien leben und bewohnen ein kleines Reihenhaus in der Pfalz ...

Was Mr. Perfect betrifft, denken wir daher pragmatisch. Es ist schön, ihn anzuhimmeln oder in heißen Träumen von ihm verführt zu werden. Doch lieber ist uns ein Mann, der morgens Kaffee kocht und den Müll runterbringt – da macht es auch nichts, wenn er ein Bäuchlein bekommt und seine Grübchen die einzige Ähnlichkeit sind, die er mit Brad Pitt hat.

… und Männer von Scarlett Johansson

Laut einer Umfrage des amerikanischen Männermagazins »FHM« belegt Scarlett Johansson Platz 2 der schönsten Frauen der Welt (auf Platz 1: Jessica Biel). Dass es nur für den zweiten Platz gereicht hat, ist mir egal, denn für mich ist Scarlett, wie ich sie inzwischen liebevoll nenne, die absolute Nummer eins. Sie ist jung, sieht klasse aus (zumindest wenn man Frauen mag, die auch noch nach Frau und nicht nach Laufstegskelett aussehen) und wurde für vier Golden Globes nominiert. Filme wie »Lost in Translation«, »Match Point« und »Vicky Cristina Barcelona« haben sie berühmt gemacht – oder hat vielleicht eher sie die Filme berühmt gemacht? Sie bekommt ein paar Millionen Dollar für jede Rolle, und auch wenn Karrierefrauen Männern mitunter unheimlich sind, so würden die meisten im Fall Johansson sicher eine Ausnahme machen. Kurzum: Scarlett verfügt über alles, was man braucht, um einen Mann glücklich zu machen, eine Familie zu gründen und für das finanzielle Polster zu sorgen.

Das Problem ist nur: Sie wird mich nicht heiraten, denn wie Sie wissen, bin ich schon verheiratet. Und leider wird sie auch Sie nicht heiraten (falls Sie ein Mann sind), denn: sie ist schon verheiratet. Mit einem Schauspieler. Auf andere Traumfrauen auszuweichen, bringt nichts – auch die sind verheiratet: Jessica Alba mit einem Filmproduzenten, Christina Aguilera mit einem Musikproduzenten, Angelina Jolie (heimlich) mit Brad Pitt …

Sexuelle Phantasien sind gesund und in Partnerschaften kein Grund zur Beunruhigung. Ohnehin begrenzen sich erotische Männerträume meist nur auf einige nackte Turnübungen. Männer träumen nicht davon, gemeinsam auf Cocktailpartys zu gehen, über rote Teppiche zu laufen oder die Hotelpreise für die Luxussuite in Cannes bezahlen zu müssen. Und so fällt es ihnen leicht, auf dem Boden der Tatsachen zu bleiben und es mit Peter Ustinov zu halten, der meinte: »Für gewöhnlich handelt es sich bei Traumfrauen um eine optische Täuschung.«

Anne

Warum Frauen auf Modellflugzeuge allergisch reagieren …

Für eine Frau ist es oft schwer zu akzeptieren, wenn ihr Partner sich zurückzieht – zum Beispiel hinter die Zeitung oder gleich ganz, nämlich in seinen Hobbykeller. Wenn Männer sich abschotten, um ihrem Hobby nachzugehen, werden sie zu kleinen Jungs: sie spielen mit ihrer Eisenbahn oder bauen Modellflugzeuge zusammen. Sie sammeln Briefmarken oder malen Zinnsoldaten an. Und viele verbringen ihre Freizeit ausschließlich an ihrem Computer: Software herunterladen, abgestürzte Betriebssysteme wieder zum Laufen bringen, sich in einer Second-Life-Traumwelt verlieren oder noch Peinlicheres.

Ein Mann, der ständig im Keller (oder im Speicher) hockt, ist keine große Hilfe: Er bringt den Müll nicht weg, erledigt keine Einkäufe, krault einem nicht den Rücken und verdient beim Basteln noch nicht einmal Geld. Dennoch muss man bedenken, wie wichtig es für Beziehungen ist, dass jeder seinen Freiraum hat. Die gesunde Mischung aus Nähe und Abstand ist schwer hinzukriegen. Paare, die dauernd aneinanderkleben, haben ebenso schlechte Zukunftsaussichten wie die, die schon längst nichts mehr miteinander teilen.

Kleine Fluchten können da Lösungen bieten. Und wer dem anderen Freiheit einräumt, kann diese eher für sich selbst einfordern. Auch Frauen brauchen nämlich gelegentlich ihre Ruhe. Sie wollen sich gern mal mit einer Freundin auf ein Glas Wein treffen, wollen ins Theater, ins Yoga oder zum Aquarellkurs gehen.

Eines sollten Frauen jedoch lieber lassen: sich in das Hobby ihres Mannes einzuklinken. Nur weil der Mountainbike fährt, ist das noch kein Grund, sich auch eins zu kaufen. Oder gar ständig im Partnerlook mit ihm durch die Berge zu sausen. In Holland entfällt das Problem – da gibt es keine Berge. Ansonsten besteht aber die Gefahr, dass Frauen in das letzte Reservat ihres Partners eindringen. Da ist es besser, vorher zu klären, ob das auch in seinem Sinne ist. Ansonsten ist es bei Hobbys wichtig, »mein« und »dein« immer schön auseinanderzuhalten.

... und Männer ihren Hobbykeller lieben

Das Leben des modernen Mannes hat mit seinen Ursprüngen als Abenteurer und Einzelkämpfer nur noch wenig zu tun: Zwischen schlecht schlafen, Frühstücksei, Zähneputzen, Kinder zur Schule fahren, Mobbing im Büro, Heimkommen, Frauenproblemen lauschen und schlecht schlafen bleibt wenig Zeit zur Selbstverwirklichung. Deswegen ist Männern ihr Rückzugsraum heilig. Und es ist doch ganz gut, wenn der nicht im Himalaja, sondern nur im Keller liegt.

Männer lieben ihren Hobbykeller, weil sie dort tun können, was sie wollen, statt immer nur zu tun, was sie tun müssen. Sie brauchen kein Wort zu reden. Keine Diskussionen mit der Ehefrau, keine Kollegen, kein Mobbing – totaler Frieden.

Was Männer aber auch suchen, ist der Zustand des »Flow«. Diesen tranceartigen Zustand erlebt nur, wer völlig in dem aufgehen kann, was er tut. Im Flow vergisst man die Zeit, ist vollkommen konzentriert und zugleich entspannt. Und so kann das Bemalen des Modellflugzeugs der Seele eines Mannes tatsächlich Flügel verleihen.

Nicht zuletzt ist der Hobbykeller oft der einzige Raum, wo Männer ganz für sich sein können. Mal abgesehen von der Toilette, wo man aber ungern den ganzen Abend verbringt. Statt ihrer Partnerin auf die Nerven zu gehen, bauen Männer den Stress aus der Arbeit lieber »unter Tage« ab. Dumm ist nur, dass die Frau dann schon schläft, wenn er kurz vor Mitternacht zufrieden und ausgeglichen aus dem Keller kommt.

Hobbys sind wichtig. Ein Mann lässt seiner Frau ja auch jede Menge Freiraum für Hobbys – fürs Kochen, Bügeln und für Sex (natürlich nur mit ihm). Aber im Ernst: Beide sollten ihre Steckenpferde haben. Und ebenso sollten Paare regelmäßig etwas gemeinsam unternehmen. Männer dürfen aber nicht erwarten, dass ihre Liebste mit in den Keller kommt und hilft, den Propeller zu montieren. Es sollte schon was sein, wo auch Frauen auf ihre Kosten kommen. Ein Wochenendseminar zum Thema »Streiten – aber richtig« zum Beispiel.

Frauen brauchen Männer nicht nur zum Geldverdienen ...

Geld macht nicht glücklich. Zahlreiche Umfragen und psychologische Untersuchungen konnten das inzwischen eindeutig nachweisen. Nach einigen Wochen der Ekstase fallen Lottomillionäre beispielsweise schon bald wieder auf den Glückslevel zurück, den sie hatten, bevor sie den Jackpot geknackt haben. In Sachen Glück ist da langfristig gar nichts gewonnen.

Dennoch lieben Frauen erfolgreiche und reiche Männer. Und wenn man nicht gerade einen Lottomillionär heiratet, gibt es nur einen Weg zur eigenen Jacht: harte Arbeit. Meistens läuft die »Arbeitsaufteilung« dabei so ab, dass einer der beiden Partner auf dem Karrieretrip ist, während der andere ihm den Rücken freihält, zurücksteckt, seine eigenen Bedürfnisse aufgibt und alles versucht, um das Arbeitstier nur ja zu schonen. Und wie eh und je sind es meist die Frauen, die diese Rolle einnehmen.

Doch viele Frauen haben keine Lust mehr auf diesen Quatsch. Sie wollen nicht länger akzeptieren, dass berufliche Hochleistungsphasen zum Dauerzustand werden. Oder dass ihr ausgebrannter Partner abends wie ein Kartoffelsack in sich zusammensinkt und allmählich zur Belastung für seine Krankenkasse wird. Ganz gleich, ob sie ins Büro gehen oder den Kindererziehungs- und Haushaltsmarathon durchstehen müssen – Frauen haben ebenso ein Bedürfnis, sich zwischendurch zu entspannen, wie Männer. Sie brauchen einen Partner, mit dem sie auch mal gemeinsam abschalten, ins Kino gehen, tanzen, reden oder schmusen können. Ein Goldesel ist dazu unbrauchbar (falls es überhaupt einer ist, denn nicht jeder Workaholic wird reich).

Mit Süchtigen lebt sich's schwer, ganz gleich, ob Alkoholic, Sexaholic oder Workaholic. Mit den ersten beiden kann man immerhin mal ein Gläschen heben und seinen Spaß haben, während der Workaholic selbst dazu keine Zeit hat: »Tut mir leid, Schatz – zu viel Arbeit.«

... doch Männer sind am liebsten mit ihrer Arbeit verheiratet

Der typische Workaholic ist fünfunddreißig Jahre alt und arbeitet als Selbstständiger oder ist zumindest umsatzbeteiligt. Er sitzt mit einer superschnellen DSL-Verbindung am Laptop, trägt eine Brille und hat neben dem Telefon mindestens noch zwei iPhones auf seinem Schreibtisch liegen. Gegen 6.30 Uhr morgens fährt er seinen Computer hoch und denkt: Vielleicht hätte ich doch noch kurz frühstücken sollen. Und kurz nach 23 Uhr blickt er auf die Uhr, schüttelt den Kopf und denkt: Ach, wie doch die Zeit vergeht ... Nachts schläft er unruhig, was kein Wunder ist, da er während der Arbeit drei Kannen Kaffee getrunken hat.

Eigentlich haben Workaholics in einer Beziehung ja viele Vorteile: Sie sind anspruchslos, essen wenig und können sich ganz gut selbst beschäftigen. Trotzdem sind Frauen unglücklich, wenn ihr Partner seine Lebenszeit lieber mit Akten und Aktien als mit Kuscheln und Wochenendausflügen verbringt. Aber ist Arbeitssucht wirklich eine reine Männerkrankheit?

Was ist denn mit Frauen, die Karriere machen – die können doch auch nicht auf dem Sofa abhängen? Und abgesehen von der Karrierefrau gibt es noch ein weibliches Pendant zum männlichen Workaholic: den Putzteufel. Solche Frauen verbringen ihre Tage Teppich klopfend, Besen schwingend, Staubwedel wedelnd und Desinfektionsspray sprühend. Um 6.30 denken sie: erst Kaffee kochen oder erst die Wäsche machen? Und kurz nach 23 Uhr: Mist – das Silbergeschirr muss wohl bis morgen warten, hab ich mal wieder nicht geschafft. Dann schütteln sie den Kopf: Ach, wie doch die Zeit vergeht ...

Warum Frauen zwischen Softies und Machos schwanken ...

Immer diese Entscheidungen! Für Frauen ist es oft schwer, die richtige Wahl zu treffen: Pellkartoffeln oder Pommes? Die roten oder die schwarzen High Heels? Latte macchiato oder Cappuccino – denn wenigstens hier ist sicher: der Espresso wird es nicht, der ist einfach zu heftig.

Neulich erzählte mir meine Bekannte Katrina, dass sie einen netten Mann kennengelernt habe, mit dem sie sich super verstehe. Als ich mehr wissen wollte, erzählte sie mir, dass ihr neu Auserwählter Sozialpädagoge sei, in der Psychiatrie arbeite und einfach »wahnsinnig gut zuhören kann«. Als wir später auf das Thema Erotik kamen, gestand sie mir allerdings, dass ihr da leider der gewisse Kick fehlt.

Was ist also besser – Macho oder Softie? Prinzipiell wählen dominante Frauen unbewusst häufig Softies, während anpassungsfähige Frauen eher zu Machos tendieren. Hat eine Frau jedoch gerade eine frustrierende Zeit mit einem Pascha hinter sich, wählt sie für die nächste Beziehung oft einen Softie und umgekehrt. Und dann kommt es manchmal auch auf Kleinigkeiten an. Welcher sehenswerte Film lief zuletzt im Kino? Wer hatte die Hauptrolle: Bruce Willis (eindeutig Macho) oder Leonardo DiCaprio (eher Softie). Und was ist gerade »in«?

Zum Glück können Frauen nicht viel falsch machen, denn beide Männertypen haben Vorteile. Mit einem Macho an seiner Seite erledigen sich Fragen wie »Gehen wir heute ins Kino oder ins Stadion?«, »Wer parkt das Auto ein?« oder »Was war eigentlich gleich noch mal Kuschelsex?«. Ein Softie hingegen wird davon absehen, Ihnen Ihre Pizza zu bestellen oder Ihren Rasenmäher zu reparieren. Auch blaue Flecken oder Knutschflecken brauchen Sie nicht zu befürchten, denn die bekommt man durch hauchzarte Streichelmassagen nicht so leicht.

Jan

... und softe Männer harte Kerle sein wollen

Seit Neuestem gibt es Selbsterfahrungsgruppen für Herren, deren Teilnehmer auf der Suche nach dem »wilden Mann in sich« sind. Endlich mal Motorradkumpel sein, seine Freizeit bei Barbecue und Dosenbier verbringen und sich Celtic-Tattoos auf den Oberarm stanzen lassen – das scheint für ehemals esoterisch angehauchte Frauenversteher genau das Richtige zu sein. Endlich den Duft von Freiheit und Abenteuer riechen: Moschus, Zedernholz und ein Hauch von Motoröl.

Was mich betrifft, so schätze ich eher Männer, die den Mut haben, ihre weibliche Seite auszuleben. Natürlich meine ich jetzt nicht jene Softies, die ihre Socken heimlich zusammenfalten und ihre Lockenwickler im Bad verstecken. Aber Männer, die auch zuhören, Frauen ernst nehmen, persönliche Probleme nicht nur durch einen muffigen Blick zum Ausdruck bringen und auch mal einem Kind eine Gute-Nacht-Geschichte erzählen können, in der es um Indianer geht, die weinen – solche Männer finde ich durchaus angenehm.

Natürlich weiß ich, dass viele Männer (gerade die sensibleren) sich danach sehnen, coole harte Kerle zu sein – vor allem wenn sie zwischen vierzehn und siebzehn Jahre alt sind. Im Trend liegt das aber nicht. Nach einer aktuellen Umfrage einer großen Partneragentur ist es der »Machie«, dem die Zukunft gehört: die perfekte Mischung aus Selbstbewusstsein, Männlichkeit, Leidenschaft auf der einen und Einfühlsamkeit, Treue und Zärtlichkeit auf der anderen Seite. Den rund 4000 befragten Singlefrauen wünsche ich viel Glück beim Suchen. Ebenso könnte man nach einem Schuh suchen, der möglichst hohe Absätze hat, zugleich saubequem ist und sich fürs Büro genauso gut eignet wie für den Laufsteg.

Insgeheim glaube ich ja, dass Frauen im Zweifelsfall auf Testosteron stehen. Auf Männer, die sie »Schnecke« nennen und für sie den Hengst machen. Denn von Ponys – das wissen wir ja – träumen vielleicht kleine Mädchen, aber sicher keine erwachsenen Frauen.

Anne

Warum Frauen immer kochen …

Wissen Sie, warum es immer die Frauen sind, die kochen? Ganz einfach: sie können es besser. Erinnern Sie sich doch einmal: Wo gab es immer den leckersten Pfannkuchen und das beste hausgemachte Apfelkompott – bei Opa? Nein, bei Oma natürlich! Seit jeher sind es die Frauen gewesen, die sich ums Gemüsebeet gekümmert, die Möhrchen aus der Erde gegraben, die Hühner gerupft und Suppe gekocht haben. Neuerdings wird gern der Eindruck erweckt, dass Männer die besseren Köche seien – und das nur, weil ein paar Entertainer mit Kochlöffel in der Hand ständig im Fernsehen zu sehen sind und den köchelnden Hampelmann spielen.

Männer sind selbstbewusster als Frauen. Wenn es ihnen ausnahmsweise einmal gelingt, ein Omelett zu machen, ohne dass man gleich die Feuerwehr rufen muss, sind sie garantiert demnächst als TV-Koch in einem Zwanzigteiler zu sehen. Die Neuen Wilden und vermeintlich besonders Kreativen unter den Starköchen hatten vor allem Glück. Da fällt einem die Bananenschale, die eigentlich in den Kompost sollte, in die Pfanne, und in der Eile erwischt man statt der Pfefferkörner die Schokostreusel, und voilà: fertig ist der »Karibische Dorsch im Bananenblatt« à la Jamie Oliver. Der sympathische Starkoch hat 2008 übrigens in einem Interview (ausgerechnet für das Männermagazin »Men's Health«) bekannt, dass seine Art zu kochen sehr weiblich sei: »Die Menschen, die mich in der Küche inspiriert haben, sind und waren immer Frauen.«

Eigentlich lieben Frauen Männer, die gut kochen können, über alles. Liebhaber, die eine richtig tolle Paella zaubern, sind ähnlich begehrt wie knackige Charmeure mit blauen Augen und dickem Geldbeutel. Das Problem ist nur: Beide Männertypen sind sehr, sehr selten. Theoretisch nämlich können auch Männer gute Köche sein. Ebenso wie es ja auch Frauen gibt, die sich hervorragend als Kranführerinnen oder Fischkutterkapiteusen eignen …

Jan

... obwohl Männer die besseren Köche sind

Selbstverständlich sind Männer die besseren Köche. Frauen kochen nur öfter, das ist alles. Nicht umsonst sind fast alle TV- und Starköche Männer. Mehr als 250 Michelin-Sterne wurden 2009 für Deutschland vergeben – und das nicht etwa wegen der vielen Hausfrauen, die Spargel mit Sauce hollandaise kochen.

Ob Tim Mälzer, Ralf Zacherl, Alfons Schuhbeck oder Jamie Oliver – kreative Männer haben die Haute Cuisine fest in der Hand. Und noch mal zu Jamie O.: Ich habe das Interview auch gelesen, und Anne hat eine Kleinigkeit unterschlagen. Jamie Oliver hat zwar zugegeben, dass seine Art zu kochen »eher weiblich« sei, aber er hat auch gesagt, dass junge Frauen heute nicht mehr so viel Ahnung von gutem Essen hätten wie ihre Mütter.

Früher waren ausschließlich die Frauen dafür zuständig, Spargel zu schälen und Würstchen zu braten. Was sollten sie sonst machen – etwa Traktorreifen wechseln? Auch heute sind es vor allem die Frauen, die für Kind und Küche zuständig sind. Doch durch die Doppelbelastung von Familie und Job ist viel traditionelles Wissen flöten gegangen. Viele Schwangere belegen heute Kurse, in denen sie lernen, wie man ein Baby trägt oder wickelt. Und täglich sehe ich Frauen, die mit Tiefkühlpizza, Aufbackcroissants und Mikrowellengemüse an der Supermarktkasse warten.

Zugegeben: Noch häufiger sind es Männer, die sich Dosenravioli und Fünf-Minuten-Terrinen in den Einkaufswagen füllen. Kein Wunder: Männer sind in ihrem Job schließlich schon so *wahnsinnig* kreativ, dass alle guten Ideen aufgebraucht sind. Wie soll einer, der den ganzen Tag Versicherungspolicen verkauft hat, abends noch kreativ genug sein, um lecker zu kochen? Da lässt er doch lieber seine Frau ran. Die hat zwar auch einen Acht-Stunden-Tag hinter sich, aber bei Frauen ist das ganz was anderes. Und es muss ja auch kein Witzigmann-Menü sein – vielleicht lieber Spargel mit Sauce hollandaise, das geht schneller und ist auch nicht so teuer wie das Nobelrestaurant ...

Frauen lesen

Dass Frauen gerne reden, wissen wir ja. Dass sie gerne lesen, liegt auf der Hand, denn hier spielt verbale Kommunikation ebenfalls eine wichtige Rolle, wenn auch nur in einer Richtung: vom Autor zum Leser. Laut aktueller Umfrageergebnisse lesen 81 Prozent der Frauen in ihrer Freizeit, 68 Prozent im Urlaub und 47 Prozent vor dem Einschlafen. Demgegenüber lesen nur 48 Prozent der Männer in der Freizeit, nur 37 Prozent auf Gran Canaria und gerade mal 19 Prozent abends im Bett. Woran kann es liegen, dass die Verteilung da so unterschiedlich ist?

Wer liest, braucht vor allem zweierlei: etwas Ruhe und viel Phantasie. Dass Frauen im Alltag mehr Ruhe hätten, kann ich nicht bestätigen. Zwischen Karriereleiter, Kinderaufzucht und Mannverhätscheln bleibt kaum Zeit.

Allerdings: die Zeit, die bleibt, nutzen Frauen vielleicht bewusster. Sie gönnen sich eher eine Auszeit mit einem guten Buch auf dem Sofa. Frauen haben zudem einen stärkeren Hang, in Traumwelten einzutauchen, was zeigt, dass sie auch in puncto Phantasie mehr auf dem Kasten haben.

Dass Männer eher handeln als lesen, halte ich übrigens für ein Gerücht. Vielmehr verbringen sie nur mehr Zeit vor der Glotze. Als Zeit- und Phantasiefresser ist der Fernseher konkurrenzlos. Junkfood für die Seele. Fernsehen ist nicht gerade kommunikativ. Beide glotzen schweigend in den Kasten.

Ein Buch, das einer von beiden gelesen hat, bietet da schon mehr Gesprächsstoff. »Worum geht's denn da?« – »Ach, ist das nicht derselbe Autor, der ›Die Glücksformel‹ geschrieben hat?« – »Und was hältst du so davon?«

Weniger fernsehen, mehr lesen und mehr miteinander reden – das sind ganz einfache Rezepte für liebende Paare, die das noch eine Weile bleiben wollen.

Männer handeln

Männer sind nicht grundsätzlich Lesemuffel. Umfragen belegen, dass sie manchmal sogar in Phantasiewelten (und zwar vor allem in »Fantasy-Welten« oder Krimis) abtauchen. Meistens jedoch bleiben sie gern auf dem Boden der Tatsachen, und das hat folgenden einfachen Grund:

Es war einmal, sagen wir vor zwanzig- oder dreißigtausend Jahren, im westlichen Neandertal. Schönes Wetter, viel Grün, bemooste Kalkfelswände. Der Steinzeitmann Grumpf zieht gut gelaunt aus seiner Höhle los, in der festen Absicht, einen Säbelzahntiger zu erlegen. Dessen Fleisch ist zwar zäh, aber es hält immerhin eine Weile vor, und da die nächste Eiszeit sicher nicht mehr lange auf sich warten lässt, kann man ja einen Teil einfrieren. Auf dem Weg ins Land der Säbelzähne entdeckt Grumpf neben seiner Keule und seinem Pausenbrot plötzlich ein Buch in seinem ledernen Umhängesack. Wohl eine Überraschung seiner Frau. Er freut sich gewaltig, denn es ist der neue »Harry Potter«, den er da in der Hand hält.

Mitten im Wald breitet Grumpf sein Fell aus, beginnt zu lesen, liest und liest ohne Unterlass. Schließlich schläft er ein und wird wenig später vom Säbelzahntiger überrascht, der den Spieß kurzerhand umdreht und den Möchtegernjäger auffrisst …

So, und jetzt wissen Sie, warum Männer so selten lesen. Es ist einfach zu gefährlich, und das, was man sich vorgenommen hat, bleibt leicht mal auf der Strecke. Ein Mann, der nicht vor die Hunde oder andere Tiere gehen will, tut gut daran, aktiv zu bleiben, statt allzu lange in Märchenwelten zu schwelgen.

Warum Frauen gerne Frauenzeitschriften lesen …

»Laura«, »Lea«, »Lisa«, »Petra« oder »Tina« – die meisten Frauenzeitschriften sind zweisilbig, auch wenn Männer sie für ziemlich einsilbig halten. »Brigitte« hat sogar drei Silben. Und natürlich sind nicht alle Frauenzeitschriften nach weiblichen Vornamen benannt – manche haben sogar richtig schicke Namen wie etwa »Cosmopolitan«, »Woman« oder »Amica«.

Dass Hochglanzmagazine nicht dazu dienen, den IQ zu verbessern, ist klar. Nicht umsonst gehört diese Art von Heften zur sogenannten Boulevardpresse. Und die richtet sich nicht an Intellektuelle, sondern ans (in diesem Fall weibliche) Volk. Frauenzeitschriften liest man, um abzuschalten und sich zu entspannen.

Zum Glück sind Männer für ihre Entspannung nicht auf Frauenzeitschriften angewiesen, denn es gibt genug Herrenmagazine. Die sind zwar nicht minder doof, aber immerhin muss sich der männliche Leser da nicht mit Themen wie Mode, Kosmetik, Schönheit oder Kultur herumschlagen. Die Rubrik »Kochen & Diät« ist auch nicht sein Ding: Asia-Food-Rezepte sind ihm egal, und von Trennkost will er nichts hören. Ehrlich gesagt, sind mir Männer, die Artikel zu Orangenhaut, Sommer-Make-up, Brustverkleinerungen oder aktuellen Schuhtrends lesen, auch nicht ganz geheuer. Irgendetwas kann da doch nicht stimmen …

Andererseits muss ich zugeben, dass auch Jan zwischendurch gerne mal einen Blick in die »Gala« wirft (die wir natürlich *nie* im Haus haben, da wir *viel* zu kultiviert sind). Hündchen und Babys von Prominenten findet sogar er süß, und die horrenden Preise, die das Magazin für solche Fotos zahlt, amüsieren ihn. Vor allem aber liebt er die Kreuzworträtsel – die sind in Frauenzeitschriften so einfach, dass er ausnahmsweise mal in keinem Lexikon nachschlagen muss, um sie zu lösen …

... und Männer heimlich den »Playboy« studieren

Natürlich weiß ich, dass viele Männer Hefte wie den »Playboy« heimlich lesen. Doch warum eigentlich? Im Gegensatz zu den meisten anderen Herrenmagazinen ist der »Playboy« nicht geschmacklos, sondern Kult. Schon der erste »Playboy« war der Hit. Er erschien 1953. In der Mitte posierte Marilyn Monroe auf einem ausklappbaren Faltblatt. Für Krimifans enthielt er eine Sherlock-Holmes-Geschichte, und das Heft kostete gerade mal 50 US-Cents. Das Heft mit dem einprägsamen Häschenkopf-Logo (Playboy-Bunny) erscheint inzwischen in 25 Ländern – allein in den USA liegt die Auflage bei über drei Millionen Exemplaren. So viele Männer können doch nicht irren ...

Entgegen weiblichen Vorurteilen ist der »Playboy« kein schmuddeliges Pornoheftchen, sondern ein Informationsblatt für den kultivierten Mann. Neben erstklassigen Kurzgeschichten bietet das Heft ausführliche Berichte über Autos vom Oldtimer bis hin zum 500 PS starken Sportflitzer. Lifestyle-Themen wie Reisen, Designermöbel oder Herrenmode findet man im »Playboy« ebenso wie Kritiken zu neuen Büchern, Filmen oder CDs. Männer haben keine Lust, ihr Gehirn immer nur mit politischen und wirtschaftlichen Katastrophen zu füttern. Zeitung lesen ist zwar schön und gut – aber das Herz geht einem da nicht auf. Und wie bekannt schlägt das männliche Herz oft ein paar Etagen tiefer als das weibliche.

Warum soll man nicht von ein paar Dingen träumen, die man sich nie wird leisten können? Eine 20-Millionen-Dollar-Jacht vor Saint-Tropez, das Designerhaus in Beverly Hills, der Excalibur Baujahr 1930 mit 250 PS.

Ach, fast hätte ich's vergessen: Im Magazin für »Alles, was Männern Spaß macht« dürfen natürlich auch die nackten Playmates nicht fehlen. Die sind zwar durchweg wohlgeformt und hübsch anzuschauen – doch keine Sorge, Beziehungen gefährden sie nicht. Denn wie heißt es so schön: Den Appetit darf man sich woanders holen, aber gegessen wird zu Hause.

Anne

Frauen lieben Rosamunde Pilcher

»Und was liest du zur Zeit so?« Wann immer Jan mir diese Frage stellt, weiß ich, dass er sich weniger für das Buch als für die Psychologie interessiert, nach dem Motto: Sag mir, was du liest, und ich sage dir, wovon du träumst. Meistens sprechen wir dann nur von den Sachbüchern, die ich lese, denn was er von Frauenliteratur hält, weiß ich, und so verrate ich's ihm nicht.

Frauen ticken anders als Männer, und sie lesen auch andere Bücher. Ich gebe zu, dass die weibliche Traumwelt manchmal recht klischeehaft ist, aber zumindest fußt sie nicht in düsteren Phantastereien, sondern in der Realität – zumindest in der weiblichen. Umfragen zufolge nehmen die meisten Frauen über das Buch am liebsten typische Frauenkost zu sich: Sie lesen Rosamunde Pilcher, Gaby Hauptmann, Steffi von Wolff oder Nicholas Sparks.

Um Mord und Totschlag geht es in Frauenromanen, wenn überhaupt, nur am Rande. Andere Themen sind drängender: Sehnsucht, Sorgen, Beziehungskrisen, Verliebtheit, Flitterwochen, laue Sommernächte oder die Unterdrückung der Frau – ob in Afrika oder mitten im bayrischen Bergdorf. Am meisten interessieren Frauen sich jedoch für das Thema Liebe. Frische Liebe, heimliche Liebe, ungleiche Liebe und natürlich enttäuschte Liebe. Bücher, die das bieten, haben gute Chancen, die Bestsellerlisten zu erobern.

Dass wir Frauen beim Lesen nur kitschige Soaps in Buchform suchen, mag stimmen, ist aber nicht so schlimm. Denn die Bücher, die Männer so lesen, Science-Fiction und Thriller, sind auch nicht gerade literarische Highlights.

In unserer Beziehung lässt jeder den anderen lesen, was er will, und kommentiert das auch nicht weiter, denn bei uns gilt: »Lies du deine Morde, ich lese meinen Kitsch.« Und da wir nur selten die gleichen Bücher lesen wollen, gibt es keinen Streit, und das ist ja auch was wert.

Männer lieben Henning Mankell

Können Männer überhaupt lesen? Spaß beiseite – ehrlich gesagt, weiß ich gar nicht so genau, was sie lesen. Schon klar, eher Morde als Liebesgeschichten. Vor allem natürlich Henning Mankell, Stieg Larsson oder Håkan Nesser. Warum aber Krimis und insbesondere die aus dem hohen Norden so beliebt sind, ist mir ein Rätsel. Die Atmosphäre ist kalt, finster und gruselig. Die Tatorte heißen Öland, Ystad oder Kymlinge. Ständig ist überall Nebel, und es wimmelt von Leichen. Es geht um Ertrunkene, Erwürgte, Skalpierte oder anderweitig Abgeschlachtete – es gibt viel Blut, ein großes Rätsel und einen logisch denkenden Kommissar, der das Rätsel löst. Und doch müssen diese Bücher einen Reiz haben, sonst würden sie wohl nicht so oft verkauft und gelesen.

Das Leben vieler Männer ist heute ziemlich langweilig. Zähneputzen, Akten ordnen, Auto tanken und Versicherungen abschließen. Es fehlt der Thrill, das Abenteuer. Und genau hier kommen die Geschichten ins Spiel, die im Nebel des Grauens spielen. Zusätzlich bekommt der Leser ein paar Verschwörungstheorien aufgetischt, und die Kombinationsgabe beim Lösen des Falls ist auch noch gefordert.

Männer lieben aber nicht nur düstere Krimis. Sie lieben auch hemmungslosen Sex. Sehr viel häufiger als bei Frauen sieht man sie mit Büchern von Henry Miller oder Charles Bukowski. Und sie lieben Humor, denn sie lesen gern Douglas Adams, Terry Pratchett oder Christopher Moore.

Trotz aller Unterschiede gibt es aber auch Schnittmengen. So nehmen Männer und Frauen gleichermaßen gern »Hector und die Geheimnisse der Liebe« in die Hand. Oder »Die Leber wächst mit ihren Aufgaben«. Oder sie lesen Paulo Coelho. Und was beweist das? Dass Männer und Frauen auch ähnliche Interessen haben, nämlich Liebe, Alkohol und Soft-Esoterik.

Anne

Warum Frauen nur einen Traumprinzen haben ...

In Umfragen gaben vier von fünf Frauen an, dass sie sich schon immer nach »dem einen Traumprinzen« und nie nach »möglichst vielen Liebhabern« gesehnt haben. Das Problem ist aber: Wir wissen nicht, wie viele der Befragten die Wahrheit gesagt haben. In Umfragen wird schon mal geschummelt, vor allem wenn einem eine strenge Interviewerin mit Hornbrille gegenübersitzt. Allerdings entsprechen die Ergebnisse meiner Einschätzung. Unter meinen Freundinnen ist nicht eine, die aktiv den Wunsch verspürt, zwei oder drei Männer gleichzeitig zu haben. (Was das Unterbewusstsein und die nächtlichen Träume treiben, das steht auf einem anderen Blatt ...)

Die meisten Frauen sind schon mit einem Mann überfordert. Und nach Gruppensex steht ihnen auch nur selten der Sinn. Frauen lieben Märchen. Rapunzel, Dornröschen, Aschenputtel – jede von ihnen ist zu guter Letzt mit nur einem Prinzen glücklich geworden. Schon zwei Prinzen hätten jedes Märchen unnötig in die Länge gezogen. Außerdem ist es schon schwer genug, auch nur *einen* Traummann zu ergattern. Nicht, dass es zu wenige Männer auf der Welt gäbe, aber Familienväter, Kriminelle, Alkoholiker, Workaholics, Homosexuelle, Senioren oder Zeugen Jehovas eignen sich nicht für die Traumprinzenrolle. Und die, die übrig bleiben, sind heiß begehrt.

Ist Mr. Perfect erst einmal gefunden, kann man mit ihm schöne Abende am Kamin verbringen, im Zweisitzer durch die Provence reisen oder gepflegten Geschlechtsverkehr vollziehen. Wie bitte soll all das aber mit zwei Männern gehen? Gedränge zu dritt am Kamin und im Porsche? Und das mit der Fortpflanzung gelingt doch auch am besten zu zweit – da ist wenigstens klar, wer der Vater ist und später den Unterhalt zahlen muss.

Ist es dann so weit und sind die Kinder aus dem Haus, kann man sich die Sache mit Mann Nummer zwei (oder später sogar Nummer drei) ja noch einmal überlegen. Wichtig ist dabei nur: Bitte immer schön einen Traumprinzen nach dem anderen.

... und Männer von einem Harem träumen

Ali Baba hatte ziemlich viel Stress mit den vierzig Räubern. Ob er auch Stress mit vierzig Frauen hatte, ist nicht überliefert. Mir scheinen vierzig ja übertrieben. Dürfte ich mal an Aladins Wunderlampe rubbeln, würde ich mir nur vier Frauen wünschen. Und da der Geist aus der Flasche einem lediglich drei Wünsche gewährt, wird es im Ernstfall noch eine weniger. Aber immerhin: Drei Frauen machen zwar keinen Harem, aber es ist wenigstens ein Anfang.

Natürlich darf Anne das hier nicht lesen. Aber sie wird es lesen – und verflixt: Ja, es stimmt! Männer träumen von Frauen, sie sind verrückt nach Frauen. Ob rot, blond, aschblond oder braun: sie lieben sie alle – und würden sie am liebsten alle gleichzeitig lieben. Das Bienchen, das von Blüte zu Blüte fliegt, erntet romantisch verklärte Blicke: »Ja, ja – das Wirken der Natur ...« Aber wehe, wenn ein Mann so herumschwirrt – da wird kein verklärtes Auge zugedrückt. Von wegen Natur! Ein bisschen mehr Verantwortungsbewusstsein sollten Männer schon zeigen.

Hätte ich vier Frauen, wäre mein Leben perfekt. Vier zusätzliche Kreditkarten, ein Anbau für eine große Kleider- und Schuhkammer, die vierfache Chance, Migräne miterleiden zu dürfen, vier Frauen, die mir abends von ihren spannenden täglichen Erlebnissen (beim Shoppen und Friseur) berichten und dann kuscheln wollen, vier Schwiegermütter ... Vielleicht wäre es doch nicht ganz so wunderbar. Meine Lebensenergie ist begrenzt. Erst recht meine Lebenszeit. Zum Lesen käme man dann gar nicht mehr. Nicht einmal zu den Märchen aus Tausendundeiner Nacht ...

Anne

Männer verzocken ihr Geld in der Kneipe

Der Partner, der am besten mit Geld umgehen kann, sollte in Beziehungen zum Finanzminister erwählt werden. Bei Jan und mir bin ich der Finanzminister. Trotzdem bleibt es *unser* Geld. Und so habe ich natürlich kein Problem damit, wenn Jan hier und da mal einen trinken geht. Da ihm Longdrinks besser schmecken als Bier, landet er mit seinen Freunden zwar nicht in der (billigeren) Kneipe, sondern in der (teuren) Bar, aber was soll's: Männer brauchen kleine Auszeiten und Rituale.

Allerdings: Was zu viel ist, ist zu viel. Von Klientinnen bekomme ich oft zu hören, dass ihre Partner allabendlich am Stammtisch landen. Der steht zwar meist nicht in der Bar, sondern im Pub, und ein Bier ist natürlich billiger als ein Gin Tonic – doch spätestens nach dem fünften Bier ist der Preisvorteil verflogen. Oft haben Männer, die das gemeinsame Geld in der Kneipe versaufen, noch andere unangenehme Eigenschaften. Die Kombination »Pilskneipe und Spielautomat« ist fast so alt wie »Bier und Nikotin«. Wenn Männer auf Tour sind, versaufen, verspielen und verrauchen sie ihr Geld. Außerdem werden sie redselig. In Sachen Tratsch können die selbst ernannten Stammtischphilosophen dann locker mit jeder Klatschtante mithalten.

Die Synthese aus »zu viel Schnaps«, »zu viele Zigaretten«, »alles Geld verspielt« und »zu viele frauenfeindliche Witze« führt dazu, dass nach Mitternacht ein Mann nach Hause torkelt, der weder physisch noch psychisch in der Verfassung ist, eine glückliche Ehe zu führen. Passiert so etwas einmal, ist es schlimm genug. Wenn ein Kerl aber jeden Abend oder auch »nur« jedes Wochenende so nach Hause zurückkehrt, reicht es so mancher Ehefrau. Sie tut dann gut daran, die Scheidung einzureichen und den Säufer vor die Tür zu setzen. Vielleicht bringt ihn das gar wieder auf den rechten Weg: Das Geld, das der Anwalt kostet, ist nämlich auf jeden Fall weg und kann fürderhin schon mal nicht mehr in den Konsum von Gerstensaft investiert werden.

Frauen verbraten ihr Geld beim Shoppen

Die Einführung des Euro hat in Holland vieles verändert. Die schönen Guldenscheine sind verschwunden, und alles ist teurer geworden. Die Preisschilder sind zwar die gleichen geblieben, aber die Währung hat sich geändert. Das ist ja in Deutschland nicht anders.

Dass das Leben teuer geworden ist, merkt man beim Tanken, beim Einkaufen und an den Kosten für Miete, Versicherungen, künstliche Zähne, sizilianischen Rotwein, Strom, Wasser und Antifaltencreme. Man muss schon ein Vermögen verdienen, um nicht unter der Brücke zu landen. Doch solange die Ausgaben beide betreffen, ist es okay, Geld auszugeben – da sind sich Paare einig.

Wehe aber, wenn es einem von beiden einfällt, alleine Geld zu verschwenden. Ich kenne Männer, die schier verzweifeln, weil ihre Frauen Unsummen beim Shoppen ausgeben. Manolo Blahniks zu kaufen ist eben auch eine Möglichkeit, auf großem Fuß zu leben – und die Schuhgröße spielt dabei gar keine Rolle.

Prinzipiell gibt es zwei Möglichkeiten für Paare, sich finanziell zu ruinieren: Entweder will er einen »deutschen Sportwagen mit Niveau«, hat er doch schon immer gerne mit Autos gespielt. Dass das Ding so viel kostet wie ein Fertighaus, macht doch nichts. Bei einer monatlichen Rate von 2000 Euro ist die Schüssel locker in zehn Jahren abbezahlt. Und am Schluss kriegt man durch die Abwrackprämie ja sogar noch was raus.

Oder die Frau »vershoppt« ihr (und sein) ganzes Geld. Dabei gibt sie gern Geld, das sie nicht hat, für Dinge aus, die sie nicht braucht. Und das nicht nur einmal im Monat, sondern möglichst mehrmals wöchentlich. Und bitte bloß nicht bei C&A, sondern in den Edelboutiquen. Die Chancen für einen Bankrott stehen dann ebenfalls nicht schlecht.

Vonseiten der Psychologie lautet die gute Nachricht: Kaufsucht kann erfolgreich behandelt werden. Allerdings: Die Therapie ist teuer, und die Kohle ist dann weg – so oder so …

Anne

Frauen wollen Nähe

Ob es eher die Jungs oder die Mädchen sind, die in ihrem späteren Leben mit den Folgen von Erziehungsfehlern zu kämpfen haben, ist fraglich. Im Endeffekt hängt es wohl vor allem von den Eltern ab, ob die Kindheit harmonisch verläuft oder nicht. Eines steht fest: In jungen Jahren werden Mädchen deutlich häufiger umarmt, geherzt und auf den Schoß genommen als Jungs. Bis sie die Pubertät erreichen, bekommen Mädchen auf jeden Fall mehr Streicheleinheiten als ihre gleichaltrigen Brüder. Verhaltenspsychologen haben herausgefunden, dass Mädchen eher zu körperlicher Nähe (dafür aber auch zu »Bravsein«) erzogen werden, während Jungs meist mehr Freiraum haben (dafür aber auch stärker auf Leistung programmiert werden). Egal, ob es nun die Erziehung, das bei Frauen vorherrschende Hormon Oxytocin oder die Sehnsucht nach Austausch ist – Frauen kommen mit Zärtlichkeitsentzug oft noch schlechter klar als Männer mit Alkoholentzug. Frauen sehnen sich nach Nähe. Aber nicht immer ist diese Sehnsucht gesund.

Als meine Tochter kürzlich mit ihrem Freund in eine gemeinsame Wohnung zog, fiel es ihr schwer zu akzeptieren, dass er nicht nur ein eigenes Zimmer, sondern auch noch ein eigenes Bett »als Alternative« haben wollte. »Und ich dachte immer, dass wir alles miteinander teilen können«, sagte sie. Ich versuchte ihr zu erklären, dass es manchmal gut sein kann, nicht alles mit jemandem teilen zu müssen – etwa wenn es um die Zahnbürste oder die Mousse au Chocolat geht. Es half nichts. Mit der Zeit zeigte sich aber, dass die beiden dann doch die meisten Nächte im gemeinsamen Bett schliefen. Und in den Nächten, in denen ihr Liebster allzu alkoholisiert zurückkehrte, war meine Tochter heilfroh über die getrennten Schlafplätze.

Die richtige Mischung zwischen Nähe und Abstand ist schwer zu finden. Es ist ein bisschen wie Seiltanzen – wer zu sehr dran klebt, kommt nicht von der Stelle. Und wer zu weit weghüpft, fällt leicht auf die Nase.

Männer brauchen ihren Platz

Ein Mann ist kein Schoßhund. Männer wollen auch mal alleine zu OBI fahren dürfen. Männer brauchen etwas Abstand – ihr eigenes Revier. Das ist nicht böse gemeint, sondern biologisch bestimmt. Schon in alten Stammesgemeinschaften war es wichtig für ihn, sein Territorium klar und deutlich abzugrenzen.

Andererseits ist es fraglich, ob Frauen wirklich so viel Nähe brauchen, wie Frauenzeitschriften uns das immer wieder weismachen wollen. Es mag ja sein, dass Frauen symbiotische Wesen sind, die sich gern eng an ihren Partner kuscheln – aber doch keine vierundzwanzig Stunden am Tag!

Sind Dosensardellen denn glücklich? Wäre ein wenig Luft zum Atmen nicht angenehmer? Und kann ein Mensch, der wie eine Klette an einem anderen hängt, wirklich froh und ausgeglichen sein?

Untersuchungen zeigen, dass Frauen tatsächlich gar nicht so viel Intimität brauchen, wie man denkt. Natürlich brauchen sie Nähe und das Gefühl der Verschmelzung – aber vor allem, wenn es um ihre (kleinen) Kinder geht. Unabhängigkeit, Freiraum und Entfaltungsmöglichkeiten sind ihnen durchaus wichtig.

Eine aktuelle Forsa-Umfrage hat ergeben, dass es sogar öfter die Männer sind, die heutzutage ganz besonders anhänglich sind. Vielleicht liegt es ja nur am Oxytocin, dem Kuschelhormon des Körpers, dass Frauen eher »drück mich mal« sagen, wenn sie traurig sind.

Anders dagegen die Männer, die eher meinen: »Lass mich bloß in Ruhe.« Und Drücken ist ganz leicht, das schaffen sogar emotional behinderte Männer. Andererseits ist »bloß in Ruhe lassen« auch nicht schwer, was man daran sieht, dass es immer häufiger die Frauen sind, die die Scheidung einreichen.

Anne

Frauen wissen, dass sie Mütter sind

Manchmal tun mir Männer schon etwas leid. Beispielsweise, weil sie eines der schönsten Erlebnisse, die das Leben für Frauen bereithält, nie erfahren können: Mutter zu werden. Vater werden ist sicher auch ganz nett, aber doch nicht vergleichbar. Es ist einfach unglaublich, wenn man spürt, dass ein Kind in einem wächst – ein richtiges kleines Menschlein.

Die Verbindung einer Mutter mit ihrem Kind ist die engste Beziehung, die ein Mensch zu einem anderen haben kann. Mutterliebe ist das Sinnbild einer wirklich bedingungslosen Liebe. Das können Männer leider nie wirklich nachvollziehen. Und vielleicht erklärt das einige von ihren Unzulänglichkeiten – und man sollte den armen Kerlen daher so manches nachsehen.

Eine Frau weiß, dass sie Mutter ist. Und zwar nicht nur eine Mutter im biologischen Sinn. Nicht dass wir uns falsch verstehen: Ich möchte Frauen wahrlich nicht auf das Muttersein reduzieren. Frauen sind natürlich viel mehr. Ich denke aber, dass die Mutterrolle ganz tief in jeder Frau verwurzelt ist – unabhängig vom Alter und unabhängig davon, ob sie tatsächlich Kinder hat oder haben will. Das Prinzip »Mütterlichkeit« ist einfach Teil des Frauseins.

Deshalb sind Frauen in der Regel menschlicher: sie ziehen nicht so leicht in Kriege, begehen weniger Gewaltverbrechen, neigen weniger zu Fanatismus und kommen nur selten auf die Idee, Technik zu vergöttern. Und da sie wissen, dass neues Leben aus ihnen kommen kann, wollen sie eher Leben schützen als zerstören.

Die Welt braucht mehr Weiblichkeit, mehr von jener liebevollen Mütterlichkeit, die in jeder Frau steckt. Beinahe könnten wir da auf Männer verzichten. Doch halt! Dann sehe ich Jan in die Augen und weiß, dass das natürlich auf gar keinen Fall geht …

Männer ahnen nur, dass sie Väter sind

Frauen wissen, dass sie Mutter sind – und zwar wortwörtlich. Keine Frau wird sich je fragen müssen: Bin ich wirklich die Mutter von diesem aufsässigen Fratz, der mir monatelang den Schlaf geraubt und gestern unsere Fensterscheibe eingeschossen hat? Nein, diese Frage taucht nie auf. Doch ein Mann weiß nie mit absoluter Sicherheit, dass er der Vater des Kindes ist, das ihn Papa nennt. Nicht einmal nach einem Gentest – auch da soll es ja zu Fehlern kommen.

Vater sein ist Vertrauenssache. Mit anderen Worten: eine sehr unsichere Sache. Kein Wunder, dass Männer das kompensieren müssen. Deshalb sind Männer einerseits eifersüchtiger als Frauen und gehen andererseits öfter fremd. Irgendwie müssen sie ja dafür sorgen, dass ihre Gene weiterleben. Untersuchungen deuten an, dass bis zu zehn Prozent aller Kinder Kuckuckskinder sind. (Selbst wenn eine neuere britische Studie von »nur« 3,7 Prozent ausgeht – aber auch das reicht ja noch dicke!) Es verwundert wenig, dass manche Männer etwas panisch reagieren, wenn die Frau schwanger wird – ob er wohl tatsächlich der Vater ist?

Dennoch glaube ich, dass Männer ihre Kinder nicht weniger lieben als Frauen. Selbst Kuckuckskinder haben gute Chancen, von ihrem Ersatzvater voll und ganz angenommen zu werden – erst recht, wenn der Gute nichts davon ahnt. Und wer glaubt, das Kind sei nur dann wertvoll, wenn es seine Gene trägt, leidet doch an ziemlicher Selbstüberschätzung. Nicht das bisschen gespendete Sperma und die Eizelle, sondern die Liebe zu ihrem Kind macht die wirklichen Eltern aus.

Anne

Warum Frauen nie bei Sexhotlines anrufen ...

Was Männer dazu treibt, eine 0190-Nummer anzurufen und sich die Ohren vollstöhnen zu lassen, ist mir ein Rätsel. Es gibt so viele schöne Dinge, für die man Geld ausgeben könnte – zum Beispiel iTunes-Gutscheine. Was man sich dafür an Musik aus dem Internet herunterladen kann, garantiert wahren Hörgenuss.

»Aaah«, »oooh« oder auch »uuuh« sind hingegen ebenso einfallslos wie »Ja, ja – zeig's mir!«. Das kommt nie in die Charts – obwohl ja auch sehr eintönige Songs gute Chancen haben, ein Hit zu werden. Und was heißt eigentlich: »Ja, ja – zeig's mir«? Was soll ein Anrufer seiner Telefonsexpartnerin denn schon groß zeigen? Man sieht ja sowieso nichts außer den Telefonhörer.

Wenn ein Mann eine »süße 20-Jährige mit langen Beinen und Apfelbrüstchen« anruft, kauft er die Katze im Sack. Wahrscheinlich hat er eine Matrone mit fünf Kindern an der Leitung, die 20 Kilo Übergewicht auf die Waage bringt. Könnte er beim Telefongesäusel in ihr Wohnzimmer sehen, dann würde er all das erkennen: den Damenbart, das Doppelkinn, den Herpesbefall, die Apfelkornflaschen im Regal. Dann wär's schnell aus mit »ganz schön antörnend« oder »voll geil«. So aber geben sich Männer ihren erotischen Phantasien hin, spielen am Telefon den coolen Macker und glauben ernsthaft, zwischen all dem gespielten Gestöhne hier und da echte Erregung herauszuhören.

So oder so endet die Illusion abrupt. Etwa wenn die nächste Telefonrechnung ins Haus flattert. Oder wenn die Ehefrau unerwartet früher nach Hause kommt. Dann muss er hurtig den Reißverschluss zukriegen und schafft es gerade noch, den Hörer rechtzeitig auf die Gabel zu knallen. Wenn sie dann fragt: »Mit wem hast du denn gerade telefoniert?«, kriegt er rote Ohren und stammelt irgendwas. Und dann folgt der seltene Augenblick, in dem auch Frauen eine Sexhotline anrufen – dann nämlich, wenn er den Raum kurz verlässt und sie, neugierig geworden, die Wahlwiederholungstaste drückt ...

... und Männer nach Telefonsex süchtig werden können

Anne hat vollkommen recht. Auch ich kann nicht verstehen, warum manche Männer auf Telefonsex stehen. Dass Männer fremdgehen oder das Bordell aufsuchen, das kann ich noch eher nachvollziehen, wenn auch nur selten gutheißen. Wo also können die Gründe liegen? Die muss es ja offensichtlich geben, denn sonst würden die Sender nicht so viel Geld in entsprechende Dauerwerbung investieren. Es folgen drei mögliche Gründe.

Erstens: Männer brauchen Sex – wenn schon nicht im Bett, dann wenigstens am Ohr.

Zweitens: Unzufriedenheit mit der eigenen Geliebten oder damit, dass es die gar nicht gibt, erhöht die Motivation anzurufen.

Drittens (und wohl entscheidend): Männer bleiben am Telefon anonym. Gerade wer gehemmt ist oder sich für unattraktiv hält (beziehungsweise unattraktiv ist), kann unbeobachtet und somit beruhigt in der Feinrippunterhose am Telefon sitzen und das Gespräch jederzeit beenden. Für Männer, die noch nie in den Genuss gekommen sind, eine Frau live stöhnen zu hören, ist Lustseufzen auf Abruf vielleicht auch gar keine schlechte Alternative.

Dass Männer Telefonsex interessant finden, ist, wie gesagt, seltsam. Dass sie eine Sucht entwickeln können, verstehe ich wiederum sehr gut. Schließlich können Männer nach allen möglichen Dingen süchtig werden: nach Kokain, nach Überstunden, Cognac, Zigarillos, Gruppensex oder auch nach Cheeseburgern. Im Gegensatz zu allen anderen Suchtobjekten ist das Gehauche, das einem von der anderen Seite der Leitung her ins Ohr dringt, jedoch wenigstens nicht gesundheitsschädlich. Weder Aids noch Herpes oder Feigwarzen sind da zu befürchten. Das einzige Risiko besteht wohl darin, dass der allabendliche Spaß irgendwann in eine so hohe monatliche Telefongebühr mündet, bei der einen schließlich der Schlag trifft.

Anne

Warum Frauen mit ihrer besten Freundin über alles reden können ...

Männer und Frauen erleben die Welt sehr unterschiedlich – kein Wunder also, dass sie auch über ganz andere Dinge sprechen. Männer reden beispielsweise mehr über ihre Arbeit, Frauen (auch berufstätige) über ihre Kinder. Wenn aber Frauen mit Frauen oder Männer mit Männern reden, werden die unterschiedlichen Welten besonders offensichtlich.

Ein wichtiger Unterschied zwischen Männer- und Frauenfreundschaften: Für eine Frau ist ihre beste Freundin die wichtigste Konstante in ihrem Leben. Wollen Männer über intime Dinge reden, gehen sie zum Therapeuten – Frauen gehen zu ihrer Freundin. Tabuthemen gibt es dabei nicht, denn Freundinnen haben keine Geheimnisse voreinander.

Ob bei einem Glas Wein, in der Sauna oder im Chinarestaurant – Frauen reden über alles, was sie interessiert: über Lippenstiftfarben, Verhütungsmittel, Problemzonen, Kochrezepte, geplatzte Äderchen, Yogatrends oder über den neuesten Hollywood-Tratsch. Aber sie gehen auch ans Eingemachte. Wenn sie über ihre Beziehung sprechen, dann tuscheln, flüstern und kichern sie zu Themen wie Penisgröße und -winkel, sexuelle Vorlieben, männliche Hemmungen und natürlich auch über seine Potenz. Ob er schnarcht, unter der Dusche singt oder beim Sex die Socken anbehält – es gibt kaum ein Geheimnis über ihn, das vor ihrer besten Freundin sicher wäre.

Das enorme Mitteilungsbedürfnis und die Liebe fürs Detail sind Frauen in die Wiege gelegt. Man kann das schon bei Mädchenfreundschaften beobachten. Die beiden sitzen in der Schule nebeneinander, übernachten beieinander, surfen gemeinsam durchs Internet, finden die gleichen Bands und Tattoos toll und tauschen Klamotten. Und das Ganze geht auch lange gut – so lange jedenfalls, bis sich einmal beide gleichzeitig in denselben Jungen verlieben. Dann ist Schluss mit Austausch, denn dieses Geheimnis behält dann doch lieber jede ganz für sich allein ...

... und Männer mit ihren Kumpeln nur über Speicherchips reden

Natürlich reden Männer nicht über Wimperntusche oder Brustvergrößerung, aber das wäre auch etwas seltsam, oder? Das Vorurteil besagt, dass Männer selten über wirklich wichtige Dinge reden würden und somit oberflächlich seien. Doch da muss ich widersprechen. Auch wenn Männer nicht in erster Linie über ihre Frauen, sondern über ihren Job, ihre Ziele, ihr Auto und ihren Computer reden – uninteressant sind die Diskussionen deswegen nicht.

Männer sind diskreter als Frauen. Über ihre sexuellen Bedürfnisse sprechen sie mit einem Freund für gewöhnlich selten. Sie lüften keine Geheimnisse über die Form ihrer Brustwarzen oder ihre Einstellung zur Schamhaarrasur. Auch über Beziehungsprobleme sprechen Männer nicht gern. Und wenn doch, dann reicht es meist, ein Problem einmal zu besprechen und nicht jeden Aspekt zehnmal durchzukauen.

Die Vorstellung, dass Männer nur über Speicherchips, Benzinpreise, Abseitsfallen und Torjäger von Ajax Amsterdam reden, ist ein Klischee. Männergespräche können, je nach entsprechender Neigung, sehr unterschiedlich verlaufen. Beispielsweise spreche ich mit meinem besten Freund praktisch nie über Fußball, sondern meist über die Vor- und Nachteile der Verhaltenstherapie gegenüber der Psychoanalyse oder dem Phänomen der Suggestion. Ein Freund von mir ist Kontrabassist. Er spricht mit seinem Freund und Kollegen wiederum über verschiedene Arten von Kolophonium oder ob man den Bassbogen besser mit weißen oder schwarzen Haaren bespannen lassen sollte.

Worte verraten einem viel über seinen jeweiligen Gesprächspartner: Alkoholiker reden hauptsächlich von Besäufnissen, Playboys von Frauen, Banker von Geldanlagen, Pfarrer von Gott. Und Zen-Mönche schweigen. Vielleicht weil sie ebenso wie Angler, Kartenspieler oder Motorradfahrer erkannt haben, dass man das wirklich Wesentliche nicht sagen kann.

Anne

Frauen mögen kluge Männer

In der Sauna erzählte mir meine Freundin Patrizia neulich voller Begeisterung von ihrer neuesten Eroberung. Zu meinem Erstaunen erwähnte sie jedoch nichts von Einfühlsamkeit, Sinn für Romantik, Schweizer Bankkonto oder Waschbrettbauch – eher im Gegenteil: Einzig seine Intelligenz, sein Witz und Scharfsinn schienen es ihr angetan zu haben.

Intelligente Männer sind bei Frauen beliebt. Eine umfassende Bildung hilft, wenn es darum geht, Neuland zu betreten, Schwierigkeiten zu überwinden, geistig beweglich zu bleiben oder die richtigen Entscheidungen zu treffen. Und wie Sie wissen, ist all das auch in einer Beziehung wichtig. Ein Mann, der immerzu dumpf auf dem Sofa sitzt und auf jede Frage grunzend mit »hmpf« antwortet, wird schnell langweilig und eignet sich auch schlecht für die gemeinsame Zukunftsplanung.

Wenn ich wissen will, wie viele Einwohner Amsterdam, wie viele Kalorien mittelalter Gouda oder wie viele Gräten ein Hering hat, frage ich gerne Jan. Er verfügt nämlich über eine gute Allgemeinbildung, wobei er solche Fragen auch nicht immer beantworten kann, dafür aber im Computer nachsieht. (Ehrlich gesagt, will ich solche Dinge auch nur selten wissen.)

Andererseits ist ein Mann, mit dem man sich den ganzen Abend über Kunst, Philosophie und Psychologie unterhalten kann, besser als jede Quizshow. Auch haben gebildete Männer oft die besseren Schulabschlüsse, den besseren Job und das größere Bankkonto – zwar nur Nebeneffekte, aber immerhin …

Männern ist Bildung egal

Wozu braucht man Bildung, wo es doch Wikipedia gibt? Ein Internetanschluss ist heute wichtiger als das Abitur – und da wir zunehmend immer und überall online sind, braucht niemand mehr mit seinem eingepaukten Wissen zu protzen. Frauen schon gar nicht, denn wie Sie inzwischen wissen, sind Männer ohnehin stärker auf das Äußerliche fixiert. Eine gute Figur, gepflegte Haare, ebenmäßige Gesichtszüge und womöglich noch ein Zahnpastalächeln – das genügt den meisten Männern, um den genetischen Schnellscan durchzuführen, der sicherstellt, dass mit der Angebeteten gesunder Nachwuchs produziert werden kann.

Nun muss ich zugeben, dass mir persönlich andere Dinge wichtiger sind. Ich sitze ungern mit einer Schaufensterpuppe im Restaurant. Die isst zwar nicht viel, und der Abend wird billig. Andererseits tut sie aber auch den Mund nicht auf, und das wird schnell langweilig.

Doch es gibt auch das Gegenbeispiel: Kurz nach meinem Studium habe ich ein paar Jahre mit einer intellektuellen Frau zusammengelebt. Greta hatte Wirtschaftstheorie studiert, hatte einen IQ von 142, ihr Abitur mit 1,0 gemacht und ihren Doktor mit »summa cum laude« abgeschlossen. All das hätte mich nicht weiter gestört, doch leider hat sie regelmäßig versucht, mir die Grundlagen der Makroökonomie nach Milton Friedman zu erklären. Und obwohl ich in dieser Zeit zweifellos dazugelernt habe, verlor ich irgendwann die Lust.

Ich glaube, den meisten Männern geht es ähnlich wie mir: Eine Frau, die deutlich schlauer ist und einen ihre intellektuelle Überlegenheit spüren lässt, wirkt bedrohlich. Der kleine Neandertaler in jedem Männerhirn schreit dann: »Vorsicht! Dieser Frau ist die Karriereleiter wichtiger als die Kinderaufzucht – das mit der Fortpflanzung kannst du bei der vergessen!« Und wie so oft gewinnt der Urmensch, und der Mann bleibt dumm wie eh und je.

Anne

Mädchen lieben Rosa ...

Das Ergebnis war ernüchternd, als Mitte der Siebzigerjahre hartgesottene Feministinnen das Experiment wagten, ihren Nachwuchs frei entscheiden zu lassen, welche Art von Kleidung und Spielzeug er denn nun für sich bevorzugte: Jungen entschieden sich dabei fast ausnahmslos für Eisenbahn, Autos und das Cowboy- oder Indianer-Outfit, während Mädchen eindeutig die Puppenstube präferierten. Kaum anders verhielt es sich bei der Auswahl der Kleidung: Neigten Mädchen zu Pastelltönen und vorzugsweise rosa Stoffen, bevorzugte die Jungen rustikalere Varianten.

Das Experiment hatte den Sinn, erziehungsbedingte, also von außen vorgegebene Faktoren, die über Kleidungs- und Spielzeugwahl des Nachwuchses entschieden, weitgehend auszuschließen und zu beobachten, was dabei herauskommen würde.

Nun lässt die (wohlgemerkt freiwillige) Entscheidung der Mädchen für Puppen, Rosa- und Pastelltöne zweifelsfrei den Schluss zu, dass sie sich bereits im frühsten Kindesalter stärker zu Kindespflege und der Luftigkeit sozialer Kommunikation zugehörig fühlten als die gleichaltrigen Jungs. Das Ergebnis dieses Versuchs stand freilich ganz im Gegensatz zu den Erwartungen ihrer feministischen Mütter, die gedacht hatten, einzig die Erziehung würde die Wahl von Kleidung und Spielzeug entscheiden.

Das Beispiel mag hilfreich sein für eine in letzter Zeit wieder aufkeimende Gender-Diskussion und die damit verbundene Unsicherheit der Eltern, wie sie ihre Kinder denn nun um alles in der Welt erziehen sollten. Sicherlich spielt die Erziehung für den weiteren Verlauf einer jeden Kindesentwicklung eine wichtige, oftmals entscheidende Rolle. Das sollte uns aber nicht darüber hinwegtäuschen, dass es ebenso genetische Faktoren gibt, die sich beim besten Willen durch erzieherische Maßnahmen nicht aus der Welt schaffen lassen. Und was ist letztlich auch schon dabei? Männer sind Männer, Frauen sind Frauen, und Pink is beautiful!

... und Jungs ihre hellblaue Latzhose

Das auf der gegenüberliegenden Seite beschriebene Experiment lässt sich natürlich auch auf die kleinen Herren der Schöpfung übertragen. Wie erwähnt, waren die Jungs bei freier Wahl eher für solides Holzspielzeug, Eisenbahnen und – hier darf man staunen – die geliebte blaue Latzhose zu haben. Dass ausgerechnet Blaumann und Arbeitskleidung bei Jungen bereits im Kindesalter ganz weit oben auf der Wunschliste stehen, mag verwundern, ist aber verständlich: Um Streichholzschachteln, Autoschlüssel oder tote Mäuse darin zu verstauen oder Schreiner und Klempner zu spielen, ist das Outfit ideal.

Die Vorbereitung auf die spätere Arbeitswelt, verbunden mit entsprechenden Berufswünschen, scheint sich also schon früh herauszubilden. Die verbreitete Meinung, dass typische Männerberufe sich im Lauf der Zeit erst durch den Einfluss des Elternhauses herauskristallisieren, stimmt so nicht. Das musste umgekehrt auch ich erkennen, als mein Sohn schon im Alter von drei Jahren beherzt zum Werkzeugkasten griff – und das ausgerechnet mir, der ich zwei linke Hände habe und nicht einmal eine Schraube festziehen kann, ohne anschließend ein Pflaster holen zu müssen.

Ob Knaben »zum Schreiner geboren« sind, bleibt fraglich. Eltern wissen, dass Berufswünsche sich im Lauf der Kindheit ständig ändern. Und nur die wenigsten Jungen werden später Lokomotivführer oder Verkehrspolizisten, da kann die Spielzeugkelle noch so bunt blinken. Dennoch lässt sich sehr wohl ein genetisch bedingter Hang zu pragmatischen, autoritären Berufen erkennen, die mit fortschreitendem Alter diverse Transformationen durchlaufen. Der Wunsch, berufliche wie private Probleme möglichst praxisbezogen zu meistern und die Führung zu übernehmen, nimmt bei vielen Männern mit steigendem Alter zu. Sollten Sie das auch bei Ihrem Partner beobachten, so sagen Sie ihm offen, dass Verkehrspolizisten in Beziehungen nur nerven, und verstecken Sie notfalls auch mal die Kelle.

Warum Frauen Kopfschmerzen bekommen …

Studien haben bewiesen: Frauen leiden rund dreimal so oft unter Kopfschmerzen wie Männer. Woran das liegt, weiß niemand genau. Forscher konnten viele verschiedene Ursachen ausmachen – beispielsweise Verspannungen der bei Frauen schwächer ausgebildeten Nackenmuskulatur. Aber auch Genetik, Stoffwechsel oder (man höre und staune) Rotwein kann schuld sein.

Bei meinen Freundinnen kann ich regelmäßig beobachten, dass sie vor allem dann Kopfschmerzen bekommen, wenn sie sich (nicht zuletzt von ihren Männern) überfordert fühlen. Das passt zu den neurologisch-verhaltensmedizinischen Theorien über Kopfschmerzen. Wenn das Gehirn unter Dauerstrom steht, werden alle Sinneseindrücke unter Hochspannung verarbeitet, und schon gewöhnlicher Alltagsstress reicht dann aus, um das Fass zum Überlaufen zu bringen.

Gerade Probleme im zwischenmenschlichen Bereich machen Frauen oft stark zu schaffen. Wird die Kluft zwischen Selbstanspruch und den Anforderungen der Realität zu groß, hilft nur noch Flucht. Und zwar ins ruhige, abgedunkelte Zimmer. Hinlegen, Baldriantee trinken, nasse Tücher in den Nacken legen und vor allem – absolute Ruhe bewahren.

Konfrontieren Sie eine Frau, die häufig unter Kopfschmerzen leidet, mit einem Partner, der immer Lust auf Sex hat – und schon haben Sie einen Job für den Scheidungsanwalt. Dabei wäre es doch gar nicht so schwer – auch ohne Tabletten. Mit ein bisschen Verständnis, Gelassenheit und Einfühlungsvermögen oder gar einer Nackenmassage verschwinden die Kopfschmerzen in der Regel schnell wieder. Entspannende Maßnahmen – da sind sich die Ärzte einig – sind das beste Heilmittel. Denkt ein Mann jedoch nur an sich, wenn ihr der Kopf zu platzen droht, kann er gleich ausziehen, was ja irgendwie auch eine »entspannende Maßnahme« ist.

... und Männer dann die Krise kriegen

Jeder Mann dürfte mindestens einmal in seinem Beziehungsleben mit dem Satz konfrontiert worden sein: »Schatz, ich kann nicht. Ich hab solche Kopfschmerzen.«

Seine Reaktion darauf lässt sich mit einem bunten Feuerwerk aus Wut, Frust, Genervtsein, Unsicherheit und Sorge umschreiben. Denn jeder Kopfschmerzanfall seiner Liebsten macht ihm nicht nur einen Strich durch etwaige erotische Phantasien – sie birgt auch etwas Mysteriöses. Warum ausgerechnet jetzt? Was ist los? Habe ich etwa irgendwas falsch gemacht?

Derlei Fragen verunsichern Männer und nagen am Selbstbewusstsein. Leicht kommt es so zur existenziellen Frage: Genüge ich ihr überhaupt noch? Habe ich mich zu wenig um sie gekümmert? Und bin vielleicht gar ich es, der ihr Kopfzerbrechen macht?

Während der Kopfschmerzattacken seiner Süßen erkennt ein Mann fassungslos, was passiert, wenn ihre Multi-Tasking-Funktion plötzlich ausfällt. Vorbei ist es dann mit dem sonst scheinbar so mühelosen Spagat zwischen Ehemann und Job, Kinderspielplatz und gestärktem Hemdkragen, Krankenpflegerin und Erotikstar. Was bleibt, sind ein Häufchen Elend und die Bitte an ihn, heute aufs Rasenmähen zu verzichten und zudem laute Worte ebenso zu vermeiden wie ein vorwurfsvolles Gesicht.

Da ist es nur ein schwacher Trost, wenn Mediziner uns versichern, dass es sich bei Kopfschmerzen in der Regel »nur« um eine Befindlichkeitsstörung handelt. Doch auch hier schlummern die Ursachen meist in der Seele – kurzum: Wieder sind wir Männer schuld, wer sonst?

Nein, danke. Dann doch noch lieber ein gepflegter Kater, der ganz bestimmt durch Rotwein ausgelöst wurde, weshalb wir auch nicht das Geringste dafür und uns guten Gewissens dem Rest der Flasche widmen können.

Anne

Warum Frauen leichter kalte Füße haben …

Rund achtzig Prozent der Frauen klagen darüber, dass sie regelmäßig kalte Füße und Hände haben – nicht nur im frostigen Holland, sondern zum Beispiel auch in Südtirol. Unsere Partner stempeln uns dann schnell als unbesockte Prinzessin auf der Erbse ab. Aber erstens sind da keine Erbsen, und zweitens können wir auch mit dicken Socken kalte Füße haben. Wenn eisige Frauenfüßchen sich an den gut durchbluteten Beinen ihrer Männer aufwärmen wollen, ist der Tag meist schon versaut, bevor er richtig angefangen hat.

Kalte Füße haben aber nichts mit Wehleidigkeit zu tun, sondern sind wissenschaftlich erklärbar: Als ehemalige Jäger produzieren Männer deutlich mehr Wärme als ihre bewegungsärmeren Höhlenfrauen. Frauen sind meist kleiner als Männer, haben weniger Masse, und das Verhältnis zwischen Körperoberfläche und ihrer Masse ist ungünstiger als beim Mann. Während Frauen nur rund dreiundzwanzig Prozent Muskelanteil haben, sind es bei Männern vierzig Prozent. Da Muskeln gut durchblutet sind und den Organismus auch im Ruhezustand ordentlich einheizen, gilt: Je mehr Muskelmasse, desto wärmer.

Frauen produzieren aber nicht nur weniger Wärme, sie verlieren sie auch schneller. Im wahrsten Sinne des Wortes sind Frauen nicht so dickhäutig wie Männer – und jetzt vergleichen Sie mal einen kleinen Windhund mit einem Bernhardiner: Einer von beiden zittert dauernd – raten Sie mal, welcher …

Wird genug Wärme produziert, bleibt der ganze Körper warm (wie beim Mann). Ansonsten schaltet der Körper auf Sparmodus: Gehirn, Bauch- und Brustorgane werden dann weiterhin gut durchblutet, zugleich frieren einem Füße, Finger und die Nasenspitze ab.

Ein Mann, der seine Frau wirklich liebt, kauft ihr eine Villa in der Karibik, wo die Temperatur angenehm ist und heißer Sand die Füße wärmt. Wem das zu teuer ist, der sollte aber wenigstens eine Wärmflasche besorgen. Oder er beißt die Zähne zusammen, wenn sich allabendlich die Kaltfront nähert.

... und Männer schnell mal kalte Füße kriegen

Ebenso wie Prostataprobleme und eingewachsene Barthaare gehören auch kalte Füße zu den typischen Männerbeschwerden. Wo aber liegen die Ursachen? Klar ist inzwischen nur eines: Wenn Männer kalte Füße kriegen, liegt das nie an der Dicke ihrer Socken. Die Außentemperatur ist es nicht, was man übrigens auch daran erkennen kann, dass sogar Feuerläufer inmitten der vielen glühenden Kohlen manchmal ganz schön kalte Füße kriegen können.

Im Gegensatz zu frostigen Frauenfüßen, die ja nur aufgrund mangelnder Durchblutung kalt sind, handelt es sich bei kalten Männerfüßen um ein rein psychologisches Problem. Ich verrate Ihnen jetzt mal ein Geheimnis, das Sie aber bitte nicht weitererzählen dürfen: Nicht nur Mäuse, sondern auch Männer haben häufig Angst. Und sie leiden wesentlich häufiger unter Zukunfts- und Versagensängsten als Mäuse.

Mäuse müssen sich auch bestimmt keine großen Sorgen machen, ob ihre Rente sicher ist. Oder ob sie es schaffen werden, ein guter Vater zu sein, die Miete, die Raten für die Waschmaschine, die Handyrechnung und den Nachhilfeunterricht zu bezahlen. Auch gibt es keinen vernünftigen Grund für eine Maus, darüber nachzugrübeln, ob die Familienplanung auch gut durchdacht ist oder ob man es sich vielleicht noch einmal anders überlegen sollte. Und darum haben Mäuse auch keine kalten Pfoten.

Sobald Ihr Liebster einmal kalte Füße kriegen sollte, ist es am besten, wenn Sie ihm sagen, dass alles gut wird: »Schatz, alles wird gut!« Und dann lassen Sie ihm ein heißes Fußbad ein – das beseitigt zwar nicht die Ursachen, lindert aber die Symptome.

Warum Frauen ihn gern an die kurze Leine nehmen würden …

Meine Freundin Anna ist oft sehr einsam. Ihr Mann ist durch einen Autounfall ums Leben gekommen, als ihre beiden Töchter Frida und Lizz noch klein waren. Sie hat damals einen Job angenommen und sich seither allein um ihre Kinder gekümmert. Nun aber ist sie ganz allein – Frida und Lizz sind ausgezogen, kaum dass sie volljährig waren. Und leider ist der Kontakt zwischen Mutter und Töchtern nicht gerade gut.

»Ich glaube, ich habe alles falsch gemacht«, sagt Anna häufig. »Ich hätte ihnen einfach mehr Freiraum geben müssen, hätte nicht so vieles verbieten dürfen und vielleicht nicht immer nur Nein sagen sollen.« Wie Anna geht es vielen: Der Wunsch, für seine Kinder da zu sein, Verantwortung zu übernehmen und gut auf sie aufzupassen, kann leicht in Kontrollzwang umschlagen.

In psychologischen Tests sollten kinderlose Frauen beschreiben, wovon sie träumen, wenn sie von Kindern träumen. Interessant war, dass fast alle dabei ein Baby oder ein Kleinkind im Alter von bis zu vier Jahren beschrieben. Ein zwölfjähriges Kind hatte sich keine vorgestellt.

Wir Frauen haben einen ausgeprägten Mutterinstinkt. Das ist gut so, denn es ist wichtig, Kindern Wurzeln zu geben – sie zu schützen, zu pflegen und wenn nötig für sie zu entscheiden. Schlecht wird der Mutterinstinkt, sobald die Angst dominiert. Aus Angst davor, unsere Kinder zu verlieren, nehmen wir sie an die kurze Leine. Wir wollen Kontrolle ausüben über das, was sie tun, was sie anziehen, mit wem sie sich treffen und sogar, was sie denken. Doch je kürzer die Leine, desto eher werden sie sie zerreißen, sobald sie es können.

In Russland gibt es ein Sprichwort: »Viele kleine Trennungen ersparen einem die große.« Wer vertraut und loslässt, wird nicht verlieren, sondern gewinnen. Und warum ich das alles schreibe? Ganz einfach – Männer sind genau wie Kinder. Sie brauchen beides: Wurzeln und vor allem auch Flügel …

… und Männer von Amazonas-expeditionen träumen

Eine Bindung einzugehen, heißt nicht, den anderen an die Hand zu nehmen, nachdem man die eigene zuvor mit Sekundenkleber bestrichen hat. Kletten führen keine erfüllenden Beziehungen. Wer das Gefühl hat, mit unsichtbaren Ketten an seinen Partner gefesselt zu sein, wird (zumindest heimlich) nur einen Gedanken hegen: Nichts wie weg!

Luft zum Atmen ist wichtig. Freiheit auch. Für Frauen übrigens genauso wie für Männer. Wie wir wissen, finden Frauen freie Männer besonders attraktiv. Frei umherziehende Ritter, Freigeister, Abenteurer, Junggesellen … Nicht nur weil sie eben noch »frei«, sprich ungebunden und somit noch »zu haben« sind, sehnen sich Frauen nach ihnen, sondern auch, weil es reizvoll ist, das Wilde im Mann zu zähmen. Und hat der Hecht erst angebissen, gehen beide eine Bindung ein.

Doch Vorsicht: Es ist ein gewaltiger Unterschied, ob ein Paar *aneinander gebunden* oder *miteinander verbunden* ist! Verbundenheit lässt viel Raum, ohne die Nähe dabei zu verlieren. Für Frauen, die mit einem »Freiheitskämpfer« zusammen sind, ist Verbundenheit das einzig Wahre. Solche Männer zieht es ständig in die Ferne – sie wollen den Amazonas im Einbaum bereisen, den Montblanc besteigen oder (harmloser) mit dem Paraglider von der Zugspitze fliegen. Die meisten aber wollen (noch harmloser) einfach nur mal allein auf ein, zwei Bier in die Kneipe.

Am Montblanc und im Amazonasbecken ist der Empfang zu schlecht – aber in der Pilskneipe nervt es mächtig, wenn ständig das Handy klingelt und die Frau wissen will, wann ihr Mann gedenkt, endlich heimzukommen. Schnell beginnt der allzu Gezähmte dann, seinem Hausdrachen den Flugdrachen eindeutig vorzuziehen. Oder er brennt mit Peggy durch, seiner Ex. Zu viel Kontrolle bewirkt nur das Gegenteil von dem, was wir wollen. Der Zen-Meister Shunryu Suzuki sagte daher: »Wenn du deine Kuh kontrollieren willst, so gib ihr eine große Wiese.«

Warum Frauen nicht nur Sexobjekt sein wollen …

Es gibt sowohl Männer als auch Frauen, die ständig Lust auf Sex haben. Doch das Verhältnis liegt bei 99 zu 1. Zumindest kenne ich keine Frau, die alle sieben Minuten an Sex denkt. Studien zufolge schaffen Männer es jedoch locker, so oft an die »wichtigste Nebensache der Welt« zu denken. Wohlgemerkt: Nebensache! Denn es gibt auch noch ein paar andere Dinge zu erledigen: einkaufen, seinen Kindern bei den Hausaufgaben helfen, Cello lernen, den Wasserhahn reparieren, Geld verdienen oder joggen gehen – um nur einige zu nennen.

Nichts gegen sexuelle Bedürfnisse. Natürlich sind Frauen auch gerne sexy. Natürlich haben sie Spaß daran, bekannte Grenzen zu durchbrechen und neue Erfahrungen zu sammeln. Aber deswegen wollen sie doch nicht ständig wie Dolly Dollar mit dem Busen schaukeln und mit den falschen Wimpern klimpern.

Sexuell gesehen passen Mann und Frau nicht besonders gut zusammen. Anatomisch wohl schon, aber psychologisch nicht. Männer haben viel häufiger Lust, sind viel schneller fertig und reagieren viel stärker auf optische Reize. Frauen können einen Männerbody noch so sexy finden – aber allein die Betrachtung von Sixpack und Tanga weckt in ihnen noch lange kein Bedürfnis, Körperflüssigkeiten auszutauschen.

Pornokinos könnten einpacken, wenn sie auf weibliches Publikum angewiesen wären. Sind sie aber nicht, denn es gibt ja genug Männer, die in solchen Etablissements herumsitzen. Ausgemachte Lüstlinge sind dort auch ganz gut aufgehoben, denn wenigstens gehen sie ihren Partnerinnen nicht auf die Nerven, solange der Film läuft. Hat sich die hormonelle Hitze aber erst mal gelegt, entdecken viele, dass es noch andere wichtige Nebensachen auf der Welt gibt – zum Beispiel miteinander zu kuscheln, gemeinsam essen zu gehen oder über die Vor- und Nachteile der Kommerzialisierung der Frau als Sexobjekt in der postindustriellen Gesellschaft zu diskutieren.

... und Männer ständig an Sex denken

Sex ist gesund. Rege sexuelle Betätigung hat mehr Hundertjährige hervorgebracht als Sushi und Knoblauchpillen zusammen. Sextreibende haben eine gute Immunabwehrkraft. Rege Hormone schenken einen jugendlichen Teint, und auch Herz und Kreislauf werden auf sanfte Weise trainiert. Sogar das Infarktrisiko sinkt. Reife Herren, die unter jungen Vamps mitten im Geschlechtsakt tot zusammenbrechen, gehören also eher in die Welt der Mythen.

Nicht nur als Wellnessfaktor spielt Sex eine Rolle – er ist zugleich Garant für den Fortbestand der Menschheit. Ein guter Grund, vom Zölibat abzusehen. Ob sich Frauen wirklich Gedanken zur Weltbevölkerung und der Zukunft der Spezies Mensch machen, weiß ich nicht. Aber dass sie gerne Babysöckchen stricken, das weiß ich. Doch ohne Sex keine Babys und ohne Babys natürlich auch keine Söckchen ...

Vor allem aber macht Sex Spaß. Zumindest dann, wenn es *beiden* gefällt. Dabei darf sich keiner von beiden zum »Sexobjekt« degradiert fühlen. Meiner Erfahrung nach kommt es in Beziehungen relativ selten vor, dass der eine den anderen zum bloßen Objekt macht. Zum Glück. Zugegeben – Männer lieben es, wenn ihre Partnerinnen sich sexy anziehen oder für erotische Experimente offen sind. Wenn eine Frau dazu keine Lust hat, tut sie jedoch gut daran, Nein zu sagen. Männliche Erektionen kommen und gehen – das sollte man nicht persönlich nehmen.

Außerdem: Solange Männer noch Lust auf Sex mit ihrer Partnerin haben (und nicht jeder schafft das auch nur annähernd bis ins Seniorenalter), sollten die zugehörigen Frauen sich ruhig ein bisschen geschmeichelt fühlen. Es zeigt ja nur, dass sie begehrenswert sind. Und soweit ich weiß, finden die meisten Frauen das gar nicht so schlimm – ganz im Gegenteil.

Anne

Warum Frauen auf Kinder fixiert sind …

Haben Sie einmal beobachtet, was Frauen so den ganzen Tag machen? Trotz Emanzipation, Antibabypille und sexueller Revolution hat sich gerade bei jüngeren Frauen nicht viel geändert: Frauen schieben Kinderwagen durch den Park, sie lesen Kindern Geschichten vor, backen Kindern Pfannkuchen und putzen anschließend Kinderzähne. Sie treffen sich auf Kinderspielplätzen mit anderen Frauen und sprechen über existenzielle Fragen wie: »Lieber Stoffwindeln oder Pampers?« oder: »Kann ich jetzt noch den Maxi-Cosi nehmen, oder muss ein größerer Autokindersitz her?«

Und apropos Auto: Was machen im Gegensatz dazu die (vor allem jüngeren) Männer? Sie fahren ihr Auto, reparieren ihr Auto, waschen ihr Auto. Und wenn sie sagen: »Mein Kleiner war heute wieder etwas bockig«, dann bezieht sich das nie auf ihren Sohn in der Trotzphase, sondern immer auf ihr Auto, das wieder einmal an jeder zweiten Ampel abgesoffen ist.

Männer interessieren sich für Dinge, Frauen für Menschen. Und genauer: Männer interessieren sich für *große* Dinge (Auto, Jacht, Haus) und Frauen für *kleine* Menschen – nämlich für Kinder, und zwar vor allem für die eigenen.

Allerdings können Frauen durchaus auch ohne Kind Spaß haben. Aus der Bindungstheorie wissen wir, dass die enge Mutter-Kind-Beziehung für die Entwicklung des Kindes zwar entscheidend ist, als Bezugsperson jedoch prinzipiell auch der Vater infrage käme. Der aber hat keine Zeit, weil er ja sein Auto reparieren muss …

Gottlob stimmt das Klischee jedoch nicht, nach dem Männer zwar Sex, aber nicht die Resultate dessen wollen, während es bei Frauen genau umgekehrt sei. Da es genug kinderliebe Paare gibt, gilt für den möglichen Nachwuchs: »Wenn zwei sich lieben, freut sich der Dritte.«

Jan

… und Männer beim K-Wort in Panik geraten

Will eine Frau einen One-Night-Stand möglichst schnell wieder aus dem Bett haben, sagt sie am besten: »Wünschst du dir eigentlich auch so sehr ein Kind?« Fluchtartig wird er sich verabschieden.

Im Gegensatz zu Frauen definieren sich Männer vor allem über die Arbeit. Zwischenmenschliches ist nicht ihre Stärke. Männer haben wenig Lust, sich Gedanken über Wickelunterlagen, Masernimpfung oder Kinderbetreuung zu machen. Wenn sie an Kinder denken, stellen sie sich nächtliches Geschrei vor, muffelnde Windeln, einsame Nächte auf dem Sofa (das Doppelbett ist von Frau und Kindern besetzt) oder angeschleckte Lutscher, die an Autositzen kleben.

Jedoch sind Männer keineswegs unverbesserlich. Wenn eine Frau es schafft, die *richtigen* Bilder in ihrem Partner wachzurufen, kann sie ihn bekehren. Er muss eben wissen, dass Kinder haben auch heißt: Abenteuer erleben, die Welt mit anderen Augen sehen, Etagenbetten zusammenschrauben und Paddelboot fahren.

Sind Männer erst einmal auf den Geschmack gekommen, können sie sehr kinderfreundlich sein. Erst recht, wenn sie wissen, dass sie auch dann noch mit ihren Freunden auf ein Bier gehen dürfen, wenn die Kinder endlich eingeschlafen sind.

Mittlerweile nehmen ja viele Väter auch mehrere Monate Elternzeit, besuchen Vater-Kind-Turnen, Babyschwimmkurse, Pekip-Treffen und gehen sogar zu Krabbelgruppen. Und freuen sich hinterher wieder darauf, im Büro arbeiten zu können, wo man so schön ungestört ist …

Frauen suchen im Netz Unterhaltung

Eine europaweit durchgeführte repräsentative Studie (Mediascope Europe) beweist: Bei der Nutzung des Internets haben wir Frauen die Männer inzwischen abgehängt. In Europa gehen 89,3 Millionen Frauen mindestens einmal wöchentlich ins Netz, während es bei den Männern nur 88,7 Millionen sind.

Das Ergebnis der Studie zeigt zudem, dass mein Verhalten am Laptop offensichtlich vollkommen normal ist und ich kein schlechtes Gewissen mehr haben muss: Kaum dass ich die neuen Mails gecheckt habe, surfe ich nämlich zu etwas, sagen wir, »oberflächlichen« Seiten, um Antworten auf ein paar wichtige Fragen zu finden, wie etwa: Wer hat wie viel Glamour und warum? Was trägt man nächsten Herbst? Welcher Promi ist gerade mit wem zusammen, oder wer hat sich mal wieder von wem scheiden lassen?

Wenn Frauen surfen, wollen sie immer auch ein wenig mitfiebern, mitleiden oder sich mitfreuen. Und wer von uns wäre nicht gerne einmal die neue Flamme von George Clooney oder würde nicht mal in die blasse Haut von Nicole Kidman schlüpfen wollen? Übrigens ist der Hang zum Boulevard nicht von der Bildung abhängig. Auch Frauen mit einem IQ von über 120 surfen gern mal zu www.gala.de. Arbeit und Vergnügen sind eben zweierlei Paar Schuhe.

Frauen nutzen das Netz auch zum Shoppen, besuchen Amazon, Tchibo oder Quelle. Vor allem setzen sie das Internet als Kommunikationsmedium ein: Deutlich mehr Frauen als Männer mailen regelmäßig mit Freunden und Verwandten. Kein Wunder, denn mit wem, bitte schön, soll eine Frau kommunizieren, wenn ihr Partner stundenlang vor dem Computer klebt und (bestenfalls) »Auto-BILD«-Seiten studiert? Fällt die Unterhaltung in den eigenen vier Wänden aus, haben wir eine gute Ausrede, um uns in die unendlichen Chaträume des World Wide Web zu flüchten.

Männer wollen Bilder sehen

Ein Bild sagt mehr als tausend Worte. Getreu diesem Motto wählen Männer auch ihre Informationen im Internet aus. Männer nutzen das Internet vor allem als Nachschlagemedium – allerdings trifft »Bilderbuch« die Sache dabei eher als »Lexikon«.

Laut Umfrage sind es in erster Linie Sport- und Autoseiten, Nachrichtensendungen und Videoclips, die Männer interessieren. Zwar werden auch die Börsenkurse gecheckt – aber das dauert nur fünf Minuten, und Männer sitzen im Schnitt deutlich länger vor dem Bildschirm.

Im Gegensatz zu Zahlen und Tabellen machen Bilder einfach Spaß, und auch Männer wollen Spaß haben. Wenn Ihr Freund behauptet, dass er nur die DAX-Entwicklung studiert, können Sie sicher sein, dass im Hintergrundfenster deutlich spannendere Dinge geboten werden – etwa ein Blick auf das neue Maserati-Modell, auf das Tor von Luca Toni oder das Überholmanöver von Sebastian Vettel in Bahrein.

Und natürlich – das ist kein Geheimnis – interessiert sich der Mann auch für Frauen, vor allem wenn die sich unbekleidet über den Bildschirm scrollen lassen und ihn nicht dazu auffordern, den Müll wegzubringen. Laut Umfrage tummeln sich 21 Prozent der Männer regelmäßig auf einschlägigen Seiten, die Dunkelziffer liegt noch wesentlich höher. Was aber hilft es, sich aufzuregen: Kinder lieben Zuckerwatte, Frauen große Handtaschen und Männer Erotik zum Angucken. Vernünftig ist das alles nicht, denn entweder leiden die Zähne, der Geldbeutel oder die Gleichberechtigung. Aber Vernunft ist eben nicht alles, und manchmal ist die Biologie stärker. Lassen Sie Ihren Partner im Zweifelsfall lieber auf den Laptop als auf fremder Frauen Oberschenkel starren. Mag das anstößige Bild auch mehr als tausend Worte sagen – zumindest ruft es nicht heimlich auf seinem Handy an und verschmiert auch keinen Lippenstift auf seinem Hemdkragen.

Anne

Warum Frauen sich eher für Tierrechte einsetzen …

Rücksicht und Feingefühl gehören nicht unbedingt zu den typisch männlichen Stärken. Zumindest wenn es um die Pflanzen- und Tierwelt geht, halten viele Männer sich ausnahmsweise an die Bibel, wo es heißt, dass man sich die Erde untertan machen soll. Und dabei leisten sie ganze Arbeit – roden Hunderte Quadratkilometer Regenwald, um gentechnisch veränderten Mais anzubauen (aus dem dann nicht etwa Popcorn, sondern Benzin entstehen soll), asphaltieren jedes Fleckchen Wiese, sobald auch nur ein Dummkopf auf die Idee kommt, dass man da ja auch mit dem Auto drüberfahren könnte, verwandeln Naturschutzgebiete in Müllhalden und Luftkurorte in Smogfallen.

Zugegeben: Im Tier- und Umweltschutz arbeiten auch ein paar Männer. Aber im Vergleich zu der Riesenmenge an Kerlen, die lieber totes Fleisch essen, als lebendiges zu schützen, ist das nur ein Tropfen auf den heißen Stein. Dass manche Männer sich auf unserem Planeten aufführen wie Elefanten im Porzellanladen, kann doch nicht an dem bisschen Jagdinstinkt liegen! Ich glaube eher, dass eine ordentliche Portion Dummheit oder zumindest »Vergesslichkeit« dahintersteckt. Männer vergessen, dass ihre Urahnen selbst noch Tiere waren – und zwar Affen, wenn man der Evolutionstheorie glauben darf.

Frauen sehen in jedem kleinen Tierchen ein Baby. Das ist süß und muss beschützt werden. Die Erde sollte ein großes gemütliches Heim sein und keine stinkende Werkstatt. Es ist doch eigentlich nur vernünftig, sich für Tierschutz und Tierrechte einzusetzen. Was wäre die Welt ohne ihr vielfältiges Leben? Ich fürchte, dass Männer im Allgemeinen wenig Sinn für solche Gedanken haben. Doch jeder Mann sollte wissen: Frauen wünschen sich keinen Bärenjäger, sondern einen Pferdeflüsterer. Einfühlsame Männer, die nicht gleich auf alles schießen, was sich bewegt, geben Frauen ein Gefühl von Geborgenheit. Und ein lebendiges Häschen im Wald ist allemal niedlicher als ein riesiges Hirschgeweih an der Wand.

... und Männer gern jagen gehen

Millionen von Jahren haben Männer ihre kostbare Zeit damit vertan, gegen Mammuts, Bären und Säbelzahntiger zu kämpfen. Und wehe dem Steinzeitmann, der es gewagt hat, nicht wenigstens mit erlegtem Rehlein, Hasen oder Eichhörnchen von der Jagd zurückzukehren. Verständnis vonseiten der Höhlenfrauen und -kinder hatte der jedenfalls nicht zu erwarten. Im Neandertal galt damals nämlich noch die alte Weisheit: »Fleisch ist ein Stück Lebenskraft.« Kein Fleisch zu haben bedeutete, wochen- oder monatelang auf ein paar zähen Wurzeln herumkauen zu müssen – keine schöne Alternative zum erhofften Barbecue also.

Heute ist alles anders. Heute gibt es Flatscreenmonitore, iPhones, Fußbodenheizung, Fettabsaugung und merkwürdige Leute, die kein Fleisch mehr essen. Wie Sie sich denken können, sind das vor allem Frauen. Zartbesaitet. Verständnisvoll. Gewaltfrei. Mit Ausnahme jener Damen allerdings, die zu den militanten Tierschützerinnen zählen. Wenn es nach ihnen ginge, dürfte sich niemand mehr im Steakhouse oder mit Pelzmütze blicken lassen. Am gefährlichsten leben Metzger, Massentierhalter und Versuchslaboranten. Die können noch von Glück sagen, wenn sie auf dem Weg zur Arbeit nicht von zarter Frauenhand massakriert werden. Jäger haben es da leichter. Im grünen Gewand sind sie zwischen Bäumen und Büschen kaum auszumachen – weder für das Wild noch für wild gewordene Umweltaktivistinnen.

Dabei haben Tierschützerinnen nicht ganz unrecht: Von Zoodirektoren, Schweinezüchtern und Biologiestudenten im ersten Semester einmal abgesehen, sind Männer in der Tat nicht besonders tierfreundlich. Ihr Jagdinstinkt ist einfach noch zu stark ausgeprägt. Doch es gibt Hoffnung: Immer mehr Männer werden Vegetarier, immer mehr Männer halten sich einen Pitbull als Schoßhund, und immer mehr Männer verlagern ihre Jagdleidenschaft vom Feldhasen zum Betthäschen. Das macht Mut – den Tieren zumindest.

Anne

Frauen lieben Mini-Cooper

Schon klar: Frauen lieben Schuhe und Männer Autos. Aber ganz so einfach ist das mit den Klischees nicht, denn auch Männer gehen gern beschuht ins Büro – und ebenso fahren natürlich auch Frauen Auto. Ihr Verhältnis zum Auto ist dabei kaum anders geprägt als das von Männern: Das Auto ist ein kleiner Freund, ein Wegbegleiter, ja, mehr noch: ein Vertrauter – denn wem sonst würden Sie Ihre Gesangskünste in voller Lautstärke beim Radiohören anvertrauen? Trotzdem setzen Frauen bei der Wahl ihres fahrbaren Untersatzes andere Prioritäten als Männer.

Jahrelang bin ich mit einem Citroën 2CV – vielen wohl besser als »Ente« bekannt – durch die Lande gefahren. Inzwischen bin ich auf einen Mini umgestiegen. Was die Größe betrifft, so gilt für die meisten Frauen nämlich: Weniger ist mehr (jedenfalls wenn es um Autos geht).

Wir wollen flott und wendig unterwegs sein und nicht jedes Mal Schweißperlen auf der Stirn haben, wenn wir einparken müssen. Wenn wir in die City fahren – und welche Frau will da nicht hin? –, muss das Auto in die kleinste Parklücke passen. Auf einen Kombi können wir gut verzichten, da wir sogar für den Wochenendtrip mit unserer besten Freundin kaum mehr als ein paar CDs, unser Schminkset und eine Reisetasche mit Badesachen brauchen – kein Bierkasten, kein Kanu, kein Surfbrett.

Frauen lieben kleine, niedliche Autos – vielleicht liegt es am Mutterinstinkt. Doch Frauen mögen es auch, wenn ihr Auto spritzig, elegant und charmant ist und Charaktereigenschaften hat, die Rückschlüsse auf sie zulassen. Und natürlich ist es von Vorteil, dass kleine Autos wenig Benzin verbrauchen. Das zeigt doch nur, dass uns Frauen die Zukunft gehört, während Männer mitsamt ihren Benzinschleudern zumindest klimatechnisch gesehen eindeutig passé sind.

Jan

Männer brauchen dicke Limousinen

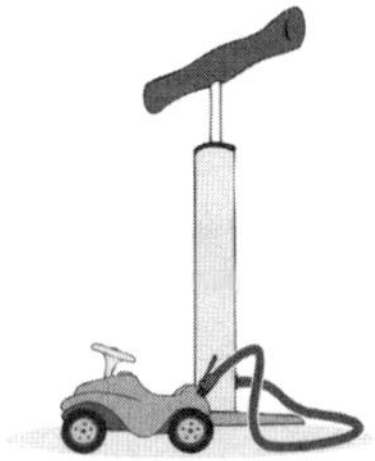

Eigentlich ist uns ja längst klar, dass dicke Autos einzig dem Zweck dienen, sich aufzuplustern, wichtig zu machen und diverse Komplexe zu kompensieren. Das klappt aber nur, wenn Männer wenigstens das richtige Statussymbol wählen. Panzerartige City-Jeeps, die fünfzig Liter auf hundert Kilometer brauchen und wie Moonboots auf Rädern aussehen, sind inzwischen total out.

SUVs – so heißen diese Dinos mit Allradantrieb – sind vom Aussterben bedroht. Kein Wunder: Was um alles in der Welt will man auch in Ländern mit perfekt asphaltierten Straßen mit Militärfahrzeugen für den Wüsteneinsatz?

Und doch ist es gemein, wenn unsere Partnerin uns vorwirft, große Autos würden nur dazu dienen, unser Ego aufzupolieren. Oder gar, dass die Männer mit den größten Autos die kleinsten … na, Sie wissen schon … hätten.

Denn wer muss denn die drei Kindersitze auf der Rückbank unterbringen, muss Schwimmreifen und Klappräder verstauen? Im Fiat 500 kann man das vergessen. Und wer würde seine Familie schon in so eine Büchse stecken und sie dem Wahnsinn auf Deutschlands Autobahnen aussetzen?

Der wahre Grund, warum Frauen schicke, große Autos ablehnen, ist vermutlich ohnehin ein ganz anderer: Sie können die Dinger gar nicht einparken. Und da Sicherheit vorgeht – nicht nur beim Kindertransport, sondern auch beim Schutz der eigenen Karosserie –, gibt es für Männer wohl nur eine einzige Lösung: Bloß nie den Zündschlüssel aus der Hand geben …

Anne

Frauen nennen ihn gern »Mausebär« ...

Bei uns in Holland gibt es einen ausgeprägten Hang, Dinge zu verniedlichen. Den Endungen »chen« und »lein« im Deutschen entspricht das niederländische »je« oder »tje«. Aus dem Haus wird das Häuschen, aus dem Glas Bier das Gläschen Bier. Sogar »lekker in het zonnetje zitten« sagen wir, während es keinem Deutschen einfiele, »gemütlich im Sönnchen zu sitzen«.

Holland ist klein. Die Häuser, die Windmühlen, ja sogar die Bierflaschen sind klein. Wer wenig Platz hat, neigt dazu, sich ein Miniaturland einzurichten. Kleine Dinge sind ja auch süß. Und sie sind überschaubar. Vor dem »Hund« haben viele Angst, vor dem »Hündchen« nur wenige.

Gerade Frauen lieben das Kleine. Sie finden es prima, wenn man sie »Schatzi« oder »Mäuschen« nennt. Umgekehrt rufen sie ihren Partner gerne »Mausebär« oder »Bärchen«. Überhaupt die Bären ... Alle Mädchen lieben ihren Teddy und geben ihm Namen – zum Beispiel »Tommi«. Und 20 Jahre später nennen sie ihren Freund Tom dann »Teddy«.

Bei aller Liebe zum Niedlichen sollten Frauen aber immer auf die Reaktion ihres Partners achten. Wenn der schmerzverzerrt den Mund zusammenzieht, ist das »Mausi« wohl deplatziert. Zum Beispiel dann, wenn Eltern, Geschwister und Schwiegereltern mit am Tisch sitzen. Schon im Alter von dreizehn Jahren fangen Jungs an, es peinlich zu finden, wenn ihre Mami (die sie fortan nur noch »Mutter« nennen) ihnen beim Jeanskauf lauthals in die Umkleidekabine ruft: »Schatziii – ich glaub, ich hol dir die Levi's noch eine Nummer größer, sonst kneift sie wieder.« Das ist blamabel. Nicht nur für Jungs, sondern erst recht für erwachsene Männer.

Es soll Länder geben, wo ins Gefängnis muss, wer sich auf offener Straße küsst oder Zärtlichkeiten austauscht. Wer öffentlich Kosenamen verwendet, wandert hier zwar nicht ins Gefängnis, muss aber damit rechnen, dass er trotzdem nicht ungeschoren davonkommt.

... und Männer finden Kosenamen peinlich

Männer wollen keine Mausebären sein. Auch keine Mäuseschwänzchen, Mäuseschnäuzchen, Mäusepommel oder andere Mausteile. Egal, ob Schnucki, Schatzi, Schlumpfi oder Rumpelpu – sie mögen es nicht, wenn ihre Süße sie öffentlich so nennt. Mit ihrer »Süßen« ist das freilich etwas anderes. Die darf ruhig Kuschelzoo-Tiernamen tragen: Mäuschen, Hasi, Vögelchen oder Täubchen – kein Problem. Süße Frauen sind für Männer in Ordnung. Aber unter Männern gilt: »chen« und »lein« machen alle Dinge klein – auch die Männlichkeit. Das Männlein, das soll ruhig im Walde stehen bleiben, wo es hingehört, von mir aus auch auf einem Bein. Aber am Konferenztisch, im Fußballstadion oder auf der Moto Guzzi will kein Mann als Männlein, Schnurzel oder Bärchen gelten.

Rambolein, Tarzanchen, Elfmeterchen? Unmöglich! Das Niedliche passt einfach nicht in die Welt des Mannes. Schon kleine Jungs wollen deshalb nur eins – möglichst schnell groß und stark werden.

Natürlich ist nicht alles, was auf der Straße peinlich ist, deswegen auch auf dem heimischen Sofa verboten. Dass Frauen zu Hause gerne alles in ein kuscheliges Nest verwandeln, ist schon okay. Auf dem Sofa kann man ja auch ruhig mit Schlabbershirt und bunten Flipflops herumsitzen. Nur in die Oper sollte man so nicht gehen. Im Bett können Frauen ihren Süßen gerne auch Mausebär nennen. Doch beim gemeinsamen Essen mit seinen Geschäftspartnern auf keinen Fall. Als »Mausebär« büßen Männer eine Menge Autorität ein – ob vor Kollegen, der Partnerin oder den eigenen Kindern.

Trotz allem haben auch Männer Sinn für Zärtlichkeit. Sie lehnen Kosenamen nicht rundweg ab. Ihren Zweijährigen nennen sie schon auch mal »Kleiner«. Und gelegentlich treffen sie sich mit ihren Kumpels sogar auf ein »Bierchen«. Geht es nämlich darum, das anstehende Besäufnis ihrer Partnerin gegenüber zu verharmlosen, ist sie manchmal doch ganz nützlich, die Verniedlichungsform.

Anne

Frauen pflegen soziale Netze

Ab und zu bin ich mal für ein paar Tage auf Weiterbildung oder nehme an Tagungen teil. Dann rufe ich Jan jeden Abend vom Hotel aus an – nicht nur, weil ich wissen will, wie es ihm geht, oder weil ich ihm Neuigkeiten erzählen will, sondern auch, weil ich ihn daran erinnern muss, unsere Blumen zu gießen. Wenn ich nicht anrufe, macht er es nämlich nicht, und sie würden vertrocknen. Das ist natürlich nicht böse gemeint, aber er vergisst es eben einfach.

Mit Freundschaften ist es wie mit Blumen. Man muss sich immer wieder um sie kümmern, muss sie pflegen und sich Zeit dafür nehmen. Wenn man die Dinge sich selbst überlässt, darf man sich nicht wundern, wenn nichts passiert und Kontakte mit der Zeit verstauben.

Männern scheint das hingegen nicht so wichtig zu sein. Überhaupt kümmern sie sich meist weniger um familiäre Angelegenheiten. Als Neandertaler waren sie vermutlich wochenlang auf der Jagd – und ob in der Höhle alles mit rechten Dingen zuging oder ihre Kinder sich untereinander die Köpfe einschlugen, das dürfte sie nicht sonderlich interessiert haben.

Frauen wollen aber nicht, dass ihre Kinder sich die Köpfe einschlagen. Sie wollen auch nicht, dass ihre Freundin Liebeskummer hat. Oder dass ihr Großvater ins Krankenhaus muss. Es stimmt schon: Frauen pflegen soziale Netze und wollen die zwischenmenschliche Kommunikation nicht missen. Anders als die technomanen Männer kümmern sich Frauen um Menschen und nicht um Computer. Wenn so ein Ding seinen Geist aufgibt, lassen sie sich den Quelle-Katalog eben per Post zuschicken, statt im Internet zu recherchieren. Und statt Mails zu versenden, kann man auch einfach mal wieder anrufen – das ist ohnehin viel persönlicher als mit dem Laptop …

Männer pflegen nur ihren Laptop

Therapeuten legen durchaus Wert auf zwischenmenschliche Kontakte, und somit falle ich wohl aus dem typischen Männerschema heraus. Ich weiß aber von Klienten, dass viele Männer sich in der Tat mehr um ihre Computer als um ihre Frauen kümmern. Und dafür gibt es logische Gründe. In Umfragen, die vor zwanzig Jahren durchgeführt wurden, haben knapp 80 Prozent der befragten Männer angegeben, dass die Arbeit der Bereich in ihrem Leben ist, der an erster Stelle kommt.

Männer sehen sich als Versorger ihrer Familie. Viele Jahrtausende, in denen die Rollen zwischen Mann (Jagd) und Frau (Haus und Kinder) klar verteilt waren, haben ihre Spuren hinterlassen – sogar in der Gehirnstruktur. Die Tatsache, dass inzwischen auch immer mehr Frauen berufstätig sind und die finanzielle Versorgungslast längst nicht mehr allein auf den Schultern des Mannes ruht, ändert daran wenig.

Wozu soll man sich mit den Freundinnen seiner Partnerin treffen? Wozu gar mit den Schwiegereltern in Urlaub fahren? Was ist so aufregend an Stehpartys, kalten Büfetts oder Hochzeitsfesten? Es ist ja nicht mal die eigene, sondern die Hochzeit der Schwester ihres Schwagers. Ich bitte Sie!

Männer haben andere Prioritäten. Wichtiger als der soziale Kuschelkurs ist es, dass die Bohrmaschine funktioniert. Dass Wischblätter und Ölfilter erneuert werden. Oder zumindest, dass der Laptop funktioniert. Wenn das Ding abstürzt, sind unter Umständen zwanzig Seiten Text futsch. Und wenn das Textprogramm nicht mit dem des Verlags kompatibel ist, ruft irgendwann wieder die genervte Lektorin an. Im Gegensatz zur eigenen Frau, die will, dass man ihr zuhört, zu den Töchtern, die sich Reitstunden wünschen, oder zum Schwippschwager, der immer zur falschen Zeit anruft, brauchen Laptops kaum Zuwendung. Ab und an mal die Software updaten, gelegentlich seine Dateien sichern und ansonsten darauf achten, dass der Akku immer genügend Saft hat. Mehr ist es wirklich nicht.

Anne

Warum Frauen das Theater lieben …

Es ist gemein und außerdem viel zu kurz gegriffen, wenn Männer behaupten, dass Frauen immer nur ein Riesentheater machen würden. Die Liebe der Frau zum Theater ist viel weitreichender. Ob Shakespeare, Schiller, Brecht, Ad de Bont oder Botho Strauß – im Theater werden Träume wahr. In ein bis zwei Stunden werden dort existenzielle menschliche Erfahrungen auf den Punkt gebracht, die viele von uns in ihrem ganzen Angestelltendasein nicht erleben: Liebe, Romantik, Sehnsucht und Erfüllung einerseits – Betrug, Verrat, Leiden und Mord auf der anderen Seite.

Natürlich träumen auch Männer gerne. Leider oft nur von steigenden Aktienkursen oder jungen Frauen im Minirock. Für die Komplexität von ausgeklügelten Komödien oder anrührenden Tragödien haben sie jedoch meist keinen Sinn – oder sollte man fairerweise eher sagen: Sie nehmen sich einfach zu selten Zeit dafür?

Anders als kleine Jungs, die nur dann Theater machen, wenn man ihnen die Nintendo-Spielkonsole wegnimmt, spielen Mädchen oft schon den ganzen Tag Theater: Sie verkleiden sich, malen sich an, sprechen selbsterfundene Texte und verwandeln Bettlaken in Bühnenvorhänge. Schon früh merken sie, dass es einfach Spaß macht, in verschiedene Rollen zu schlüpfen.

Auch im Erwachsenenalter lieben wir Frauen es, Theatervorstellungen zu besuchen. Dabei geht es uns jedoch nicht nur um den kulturellen Genuss oder die gelungene Aufführung – es geht auch um das »Theater rund um das Theater«: Frauen mögen es, zu sehen und gesehen zu werden. Sie brauchen ab und an die Gelegenheit, ihre Abendgarderobe auszuführen. Das ganze Event ist wichtig: die anregenden Gespräche nach der Vorstellung, die schicke Bar, die anschließend besucht wird, und natürlich auch die Flirts. Da wäre es doch zu schade, wenn all das dem eigenen Partner entgeht, nur weil der sich mal wieder für RTL und Heineken statt für »Ein Sommernachtstraum« entschieden hat …

… und Männer den Fernseher

Ebenso wie die meisten meiner Freunde bin ich wirklich kein Theatermuffel. Ich gehe gerne mal in eine Neuinszenierung von »Hamlet«, versuche, mit einem gewissen dramaturgischen Sachverstand zu brillieren, und führe lange Diskussionen über die schauspielerischen Qualitäten einzelner Ensemblemitglieder.

Allerdings kommt es leider auch immer wieder vor, dass ich das Ganze nur mit Aspirin durchstehe. Oder mit ein paar Gläsern Rotwein – und dann muss man wieder das Auto stehen lassen, braucht ein Taxi, und der Theaterabend wird noch teurer, als er es mit den Eintrittskarten, dem Pausenprosecco und den delikaten Lachskanapees ohnehin schon gewesen ist.

Entspannung sieht für mich anders aus. Wenn Männer sich nach einem anstrengenden Arbeitstag entspannen wollen, bedeutet das, dass sie nichts tun, mit niemandem diskutieren und auch nirgendwo hingehen wollen. Wer die Natur liebt, der setze sich an so einem Abend vors Lagerfeuer. Zivilisierte Männer greifen zur Fernbedienung. Es muss nämlich nicht immer »Macbeth« sein – das wird am Feierabend leicht zu anstrengend. Und »Warten auf Godot« zu langweilig.

Apropos »warten«: Lässt die Liebste sich partout nicht zum gemütlichen Fernsehabend überreden, müssen Männer mitunter ganz schön lange warten, bis die Theatervorstellung zu Ende und die Frau wieder zu Hause ist. Insbesondere, wenn sie mit der guten Freundin die Inszenierung durchdiskutieren musste. Für Ungeduldige und Eifersüchtige empfiehlt es sich daher, beim nächsten Mal die Pantoffeln auszuziehen und mitzugehen (und notfalls zuvor ein paar Gläser Wein zu trinken oder Aspirin mitzunehmen).

Anne

Frauen tauschen mindestens die Hälfte wieder um

Es muss doch wohl erlaubt sein, sich etwas noch einmal anders zu überlegen! Aus Fehlern lernt man – ebenso aus falschen Entscheidungen. Was aber liegt näher als ein Umtausch, wenn man merkt, dass man bei seiner Wahl danebengegriffen hat?

Leider ist Umtausch manchmal ausgeschlossen. Wer beim Italiener Kalbsmedaillons bestellt, aber sobald das Essen auf dem Tisch steht, merkt, dass er doch eher Lust auf Pizza Funghi gehabt hätte, der hat Pech gehabt. Doch beim Shoppen ist das etwas anderes.

Männer sollten wissen, dass wir Frauen beim Shopping in eine Art Trance fallen. Während unsere Kauflust steigt, sinkt zugleich die Zurechnungsfähigkeit. Zu Hause vorm Spiegel wird uns klar, dass das dunkelblaue Top doch besser zu unseren Sommerhosen gepasst hätte als das türkisfarbene. Im Laden sind wir der Suggestionskunst der Verkäuferin ausgesetzt. Am Tag danach bemerkt unsere Freundin dann, dass die neongrünen Leggins an uns ziemlich daneben aussehen und eine weiße Jogginghose sicher besser gewesen wäre. Ein guter Grund also, das Zeug umzutauschen.

Auf Umtausch sind Frauen gut vorbereitet. Sie behalten die Original-Einkaufstasche und den Kassenzettel, und sie reißen auch keine Schildchen aus Shirts und Kleidern. Falsche Entscheidungen werden von vornherein einkalkuliert. Brauchen wir zum Beispiel eine neue Bluse, so nehmen wir vorsichtshalber vier oder fünf mit – zu Hause hat man doch mehr Zeit und Ruhe für eine kleine Modenschau.

Eine Fehlentscheidung sollte man als Frau jedoch vermeiden: seinen Partner zum Umtausch mitzunehmen. Lassen Sie das besser. Er hat keinen Sinn für Umtauschaktionen. Er versteht nicht, dass man es sich auch noch einmal anders überlegen kann. Komisch eigentlich. Bei Ihrem Ex haben Sie sich ja auch nochmals umentschieden und ihn gegen Ihren jetzigen Partner umgetauscht. Über diese Umtauschaktion sollte der doch eigentlich ganz froh sein.

Männer hassen Umtauschaktionen

Männer kaufen gern Software, CDs oder Rasenmäher – aber Kleider kaufen sie ganz bestimmt nicht gern. Vor allem vermeiden sie es, einmal Erworbenes umzutauschen. Einen Fehlkauf interpretieren sie als Versagen: Es fehlte wieder mal das richtige Augenmaß, der gute Geschmack. Man hat sich von der Hektik anstecken lassen, hat sich von seiner Frau beeinflussen lassen. Frauen machen Umtauschaktionen hingegen mächtig Spaß. Ich habe zwei Theorien entwickelt, warum das so ist.

Theorie 1: Eine Frau, die etwas umtauschen »muss«, kann statt einmal gleich zweimal zum Shoppen gehen. Neue Chance, neues Glück. Und sicher bleibt es nicht beim reinen Umtausch, da es ja immer Accessoires gibt, die man »schnell noch mitnehmen kann«.

Theorie 2: Frauen legen sich nicht gerne fest. Sie lassen die Dinge lieber ganz bis zum Schluss offen. Typisches Beispiel – Mann und Frau kurz vor dem Ausgehen: »Soll ich das blaue oder das schwarze Kleid anziehen?«, fragt sie. »Zieh doch das blaue an«, sagt er. »Das blaue? Spinnst du? So geh ich doch nicht aus dem Haus«, antwortet sie und zieht das schwarze an. Kurz bevor sie aus der Haustür geht, stutzt sie, macht auf dem Absatz kehrt und sagt: »Ach, ich glaube, das blaue ist doch besser.«

Interessant ist, dass Männer sich das Geld zurückgeben lassen, sofern sie überhaupt jemals etwas umtauschen. Frauen tauschen lieber gegen Einkaufsgutschein – der ist ein Jahr lang gültig. Für Männer sind Shoppingtouren nervtötend. Enge Umkleidekabinen, ständig rein und raus aus den Klamotten und sich dann vor dem Kaufhausspiegel öffentlich lächerlich machen. Während seine Partnerin vollends im Kaufrausch endet, schleppt der Mann irgendwann nur noch schweigend die Tüten und hadert mit der Konsumgesellschaft. Dann träumt er davon, wieder im Urwald zu sitzen: Vogelzwitschern im Ohr und die untergehende Sonne im Blick – und ganz bestimmt ohne H&M-Tasche in der Hand.

Anne

Frauen trinken gerne Piña Colada

Mal ehrlich: Haben Sie Lust, in eine Zitrone zu beißen? Ich jedenfalls nicht. Auch nicht in eine Limette oder wie die Dinger heißen, die zuhauf im Caipirinha herumschwimmen. Nicht umsonst muss man da erst einmal esslöffelweise Zucker hineinschaufeln, bis man das Zeug überhaupt trinken kann. Mag sein, dass sauer lustig macht, aber was Frauen betrifft – die lieben es trotzdem süß. Süßigkeiten, Schokolade, Dolce Vita oder eben Piña Colada.

Im Gegensatz zu den meisten Männern trinken Frauen für ihr Leben gerne Cocktails. In Cocktailbars beobachte ich dabei regelmäßig, wie die Männer vor ihrem Bier, Caipirinha oder Whisky Sour sitzen, während ihre Begleiterin ausladende Glaskübel mit weißen, rötlichen oder hellblauen, in jedem Fall aber süßen, sahnigen Getränken vor der Nase stehen haben. Sinn und Zweck von Cocktails ist es nicht, sich unter den Tisch zu saufen. Dafür sind die Drinks zu teuer. Vielmehr geht es um den Genuss – um die Sehnsucht nach Loslösung, nach Ferne, Sandstrand und Karibik. Piña Colada, Coconut Kiss und andere Rum-Sahne-Ananas-Kokos-Gemische erzeugen da die passenden Bilder. Und dazu muss man noch nicht einmal eine Bar aufsuchen, denn die wichtigsten Standardcocktails gibt es inzwischen in jeder Kneipe.

Untersuchungen zeigen, dass Frauen wesentlich mehr Geschmacksrezeptoren haben als Männer. Die Folge ist: Wir trinken die leckeren süßen Drinks und Männer das saure Zeugs. Warum auch nicht – sie schmecken es ja wahrscheinlich sowieso nicht. Richtige Männer trinken übrigens Wodka Martini, natürlich geschüttelt, nicht gerührt. Und wem selbst das James-Bond-Gesöff noch zu soft ist, der sollte zu Klassikern wie Whisky, Gin oder Korn greifen. Oder lieber gleich zu 90-prozentigem Äthylalkohol aus der Apotheke. Dort bekommt man den Liter mit etwas Glück unter zehn Euro – das wirkt und hält lange vor. Was will Mann mehr?

Männer greifen zu Caipirinha

Stil und guter Geschmack sind zugegebenermaßen Dinge, die nur wenige Männer auszeichnen. Wenn es jedoch ums Trinken geht, können sich die meisten Männer ganz gut auf ihr Bauchgefühl verlassen. In der Skatrunde wird kaum ein Pilskneipengast auf die Idee kommen, einen Mai Tai zu bestellen.

Aber an der Hotelbar im City-Hilton ist das schon etwas anderes. Wer etwas auf sich hält, gibt sich als Mann von Welt. Apfelwein oder Kirschlikör ist da nicht zu empfehlen. Besser ist ein Schuss Südamerika. Zum Beispiel Mexiko – da landen schließlich alle harten Männer irgendwann, vor allem wenn sie auf der Flucht vor dem Gesetz sind. Richtige Männer bestellen Tequila, Margarita oder Caipirinha. Auf jeden Fall aber einen Drink, der es in sich hat und nicht nach Sahnebonbon schmeckt.

Übrigens: Wussten Sie, dass es trotz allem die Männer waren, die den Grundstein für die glorreiche Entwicklung des Cocktails gelegt haben? Zu Siedlerzeiten gab es in Nordamerika nichts anderes zu trinken als Whiskey – damals ein ungelagerter, hochprozentiger, ekliger Kornschnaps und natürlich kein Vergleich zu heutigem Bourbon. Findige Farmer versuchten dann, das Zeugs mit Honig, Zucker und Früchten verdünnt trinkbar zu machen. Kokosnüsse hatte man aber nicht. Und was ein wahrer Cowboy ist, der verzichtet auch heute noch auf Piña Colada oder Fruchtpunsch. Da könnte man ja gleich Multivitaminsaft mit ein paar Tropfen Rum mixen.

Männer sind Wirkungstrinker. Sie wollen nicht einfach nur am Strohhalm nuckeln, sondern auch etwas spüren. Natürlich schwindet das Gefühl fürs rechte Maß spätestens nach dem vierten Caipi. Und dann gibt es ein böses Erwachen. Doch keine Sorge. Gegen den Kater soll es ein hervorragendes Gegenmittel geben – Multivitaminsaft mit einigen Tropfen Rum.

Warum Frauen Blumen lieben ...

Haben Frauen mehr Sinn für die Natur? Immerhin heißt es ja »Mutter Erde« – das Weibliche wird also offenbar eher mit Pflanzen, Umwelt und Wachstum assoziiert. Die Blumenfee, die Baumelfe, die Kräuterhexe – allesamt Frauen.

Frauen sprechen auch eher mit Pflanzen als Männer (mitunter sogar eher als mit Männern). Dennoch bin ich mir nicht so sicher, ob Frauen wirklich grünere Daumen haben. Die fähigsten Gärtner aus dem kleinen Gartencenter in unserem Nachbarort sind zwei Männer. Und auch in unserem Bekanntenkreis gibt es einige Männer, die sich rührend um ihren Garten kümmern. Die wissen oft mehr über Blumenbeete, Rasen und Hecken als die meisten Frauen.

Jan hingegen kann noch nicht einmal eine Pfingstrose von einer Butterblume unterscheiden. Er scheint den Garten nur für eine Art Naturfassade zu halten. Wahrscheinlich würde er es nicht mal merken, wenn ich morgen einen künstlichen Rasen auslegen würde. Vielleicht würde ihn das sogar freuen, denn dann würde das lästige Rasensprengen für ihn entfallen.

Denn immerhin dazu habe ich ihn gebracht – dass er mit dem Gartenschlauch in der Hand Gras und Beete gießt. Und auch den Rasenmäher liebt er, seit wir von Elektro auf Benzin umgestiegen sind. Das Ding hat sogar einen Antrieb – Schieben entfällt. Bremsen allerdings leider auch. Deshalb muss ich auch immer ein Auge darauf haben, dass Jan nicht meine mühevoll angepflanzten Rosen- oder Tulpenbeete zerstört.

Ansonsten ist Jan durchaus ein Naturfreund. Solange ihn weder Mücken, Wespen noch sein Heuschnupfen quälen, sitzt er gerne mal draußen im Liegestuhl. Dort liest er dann »GEO« oder »National Geographic«. Außerdem ist er Mitglied bei Greenpeace. Kein Wunder: irgendwie muss er seinen mangelnden Einsatz in unseren Beeten wohl kompensieren.

... und Männer den Rasenmäher

Männer essen nicht besonders gern Gemüse. Warum sollten sie also Karotten und Blumenkohl anpflanzen? Das Grünzeug ist ohnehin in jedem Supermarkt billig zu haben. Und wer Wert aufs Ökologische legt, kann ja im Bioladen einkaufen. Niemand muss heute auf dem Boden herumrobben, mit kleinen Schaufeln in der Erde wühlen, sich einen Sonnenbrand und haufenweise Mückenstiche holen.

Ich gebe zu, dass Gartenarbeit nicht gerade zu meinen Hobbys zählt. Ich habe wirklich nichts gegen Gewürzpflanzen – obwohl mir ein Cappuccino allemal lieber ist als eine Tasse Salbeitee. Auch mit Blumen habe ich kein Problem, allerdings bevorzuge ich es, wenn ein Gast mir eine Flasche Wein mitbringt.

Dass Anne mich als Gartenmuffel hinstellt, ist trotzdem gemein. Vor Kurzem habe ich eigenhändig eine Thujahecke an den Zaun gepflanzt, damit wir ein bisschen mehr Abstand zu unserer allzu redseligen Nachbarin gewinnen. Außerdem gieße ich täglich die Blumen. Oder, besser gesagt, wenn es nicht regnet. Also gut – zugegeben: nicht oft, denn in Holland regnet es fast jeden Tag.

Aber das mit dem Rasenmähen ist toll. Als unser alter Elektromäher seinen Geist aufgab, wollte ich eigentlich einen dieser Minitraktoren kaufen. Da unser Garten jedoch recht klein ist, wäre das etwas übertrieben gewesen. Aber wenigstens haben wir jetzt einen Benziner.

Übrigens stimmt es gar nicht, dass Frauen eine innigere Beziehung zu Pflanzen hegen als Männer. Jedenfalls nicht in Holland, denn da gibt es jede Menge junger Herren, die ihr eigenes Gras nicht nur anpflanzen, sondern sogar noch selber rauchen.

Frauen erkennen sogar noch die kleinste Laus, die ihm über die Leber gelaufen ist

»Frauen durchschauen, Männer sind Penner.« So brachte meine deutsche Freundin Jenny den kleinen Unterschied zwischen Mann und Frau einmal auf den Punkt. Natürlich nicht den winzigen anatomischen Unterschied, auf den manche Männer unbegreiflicherweise so wahnsinnig stolz sind. Sondern einen, der sich weiter oben abspielt: die Beobachtungsgabe, wenn es um Emotionen geht. Da blicken Frauen eben durch, während Männer tatsächlich viel verpennen.

Neulich habe ich mit Jan über das Thema gesprochen – was eigentlich ein Wink mit dem Zaunpfahl war, denn mir ging es nicht so gut, da eine langjährige Freundin gerade die Diagnose Brustkrebs bekommen hatte. Jan schien aber gar nicht zu bemerken, dass mir das ziemlich an die Nieren ging. Ich hätte es ja ahnen können: Anstatt beim Thema »emotionale Wahrnehmung« mal die eigene emotionale Wahrnehmung einzuschalten, bekam er leuchtende Augen und begann, diverse Studien, Statistiken und Emotionstheorien zu zitieren.

Männern fällt es offenbar wirklich deutlich schwerer als Frauen, zwischen den Zeilen zu lesen und die Gefühle ihres Gesprächspartners wahrzunehmen. Es ist beinahe so, als fehlte ihnen ein Sinnesorgan. Zumindest aber ist ihr Sinn für Emotionen etwas unterentwickelt. Das ist etwa so, als wollte man mit einem Schwerhörigen flüsternd ein Gespräch führen – er versteht nichts. Er kann natürlich nichts dafür, aber so ist es nun mal.

Doch vielleicht sollte man Männer nicht mit Schwerhörigen vergleichen, sondern eher mit Menschen, die nur verstopfte Ohren haben: Sobald da mal kräftig durchgepustet wird, klappt es wieder wunderbar mit dem Hören. Meistens kann Jan ja sehr gut erkennen, was ich fühle. Und er ist auch ein guter Therapeut. Und was lernen wir daraus? Vielleicht, dass Männer Gefühle eigentlich ganz gut verstehen können – aber eben nur, wenn sie das auch wirklich wollen.

Männer merken noch nicht einmal, wenn ihre Partnerin in einer existenziellen Krise steckt

Es ist mir tatsächlich schon passiert, dass Anne ein Problem hatte, das sie sehr mitnahm, und ich überhaupt nichts davon gemerkt habe. So etwas ist mir dann natürlich schon ein bisschen peinlich. Immerhin ist Anne meine Frau, und ich bin Therapeut, da könnte man schon etwas mehr erwarten.

Wenn ich es mir jedoch genauer überlege, glaube ich, dass das Problem eigentlich ganz woanders liegt. Sobald ich mich wirklich darauf *konzentriere*, spüre ich die Emotionen und Schwierigkeiten meines Gegenübers nämlich immer sehr deutlich. Meine Klienten sind daher auch meist der Ansicht, dass ich sie gut verstehe und gut auf sie eingehen kann. Wenn ich allerdings mit Anne oder mit Freunden spreche und wir entspannt im Café sitzen, bin ich ein normaler Zivilist und nicht der Therapeut, der versucht, in ihre Seelen zu blicken. Ich konzentriere mich dann auf andere Dinge.

Das Problem ist wohl, dass Männer einfach nicht besonders gut im Multitasking sind. Frauen können Smalltalk machen, über die Frisur der Nachbarin lästern, das Gespräch am Nachbartisch verfolgen und den Gefühlen ihres Gesprächspartners auf den Grund gehen. All das können Männer zwar auch – aber eben nicht *gleichzeitig*.

Wenn ein Mann nicht merkt, dass seine Partnerin etwas auf dem Herzen hat, liegt das nicht unbedingt oder nur an ihm. Frauen neigen dummerweise dazu, viele an sich einfache Dinge unglaublich kompliziert zu machen. Vielleicht gibt ihnen das ein Gefühl der Überlegenheit, denn wenn Männer irgendwann nicht mehr durchblicken, können sie mit Fug und Recht behaupten: »Du verstehst mich einfach nicht.«

Sofern es Frauen dadurch besser geht, ist das ja auch okay so. Falls sie aber darunter leiden, dass ihr Mann vor ihrem Innenleben ebenso ahnungslos sitzt wie der Ochs vorm Berg, können sie ja noch eine andere große Stärke ausspielen – einfach mal drüber reden.

Anne

Frauen lieben Tempo-30-Zonen ...

Obwohl ich mir schon denken konnte, was Frauen von Rasern halten, wollte ich es doch genauer wissen und startete deshalb eine Umfrage in meinem (weiblichen) Bekanntenkreis mit der simplen Frage: »Warum findest du verkehrsberuhigte Straßen gut?« Hier einige Antworten:

– Ich finde Raser unerträglich. Vor allem in Wohngebieten oder in der Nähe von Schulen sollte Tempo 30 gelten – und das sollte auch strikt kontrolliert werden.

– Ich mag es einfach, lebendig auf der anderen Straßenseite anzukommen.

– Ich habe dann weniger Angst um meine Kinder, wenn sie im Vorgarten spielen.

– Wenn es nach mir ginge, würde ich die ganze Stadt zur Tempo-30-Zone erklären. Vielleicht hätte es dann mit dem aggressiven Gedrängle auf den Straßen endlich mal ein Ende.

– Von mir aus braucht man überhaupt keine Autos in der Stadt. Da kann man doch auch mit dem Fahrrad fahren!

Wie Sie sehen, gehen Frauen es gerne langsamer an (außer vielleicht, wenn's ums Reden geht). Männer, die in dicken Autos dicht auffahren oder mit siebzig Sachen am Kindergarten vorbeirauschen, sind keine Helden, sondern Vollidioten, die ihr Glück lieber auf dem Nürburgring versuchen sollten. Ein Mann, der seinen Frust am Gaspedal auslässt, macht Frauen wütend – und fast immer gründet die Wut auf Angst: Angst um die Kinder, um sich selbst oder auch um den Partner, der am nächsten Baum landen könnte (was gerade bei jüngeren Männern leider relativ oft vorkommt).

Einzig der natürliche Ausleseprozess gibt Anlass zur Hoffnung: Männer, die es immerzu eilig haben, haben ein hohes Herzinfarktrisiko, was dann ja ebenfalls zu einer Verkehrsberuhigung führt – wenngleich es auch intelligentere Möglichkeiten gegeben hätte.

... und Männer geben gerne Gas

Schon vor über zwanzig Jahren röhrte Nena als Hauptdarstellerin in der deutschen Kinokomödie »Gib Gas, ich will Spaß« auf dem Motorroller durch die Münchner Vorstadt. Offensichtlich gab und gibt es also auch Frauen, die Lust auf Tempo haben. Aber zugegeben – Bleifüße sind eher eine Männerkrankheit. Dass man in Tempo-30-Zonen nicht rast, sollte ja eigentlich klar sein. Doch wer weiß, was die Auswertung der Fotos aus dem Radargerät bei genauerer Betrachtung so alles ans Licht brächte – vielleicht jede Menge Frauen, die *schnell noch* die Kinder holen wollen, *eben noch* dringende Einkäufe erledigen oder ihre Mutter *ruck zuck* zum Bahnhof fahren müssen ... Glauben Sie ernsthaft, dass die nur dreißig fahren?

Das Problem ist einfach: Im Grunde findet jeder von uns Raser doof. Aber eben nur so lange, bis er es selbst mal eilig hat. Wenn ich beispielsweise in der Hoge Veluwe, der größten niederländischen Heidelandschaft, auf einer der wenigen Straßen spazierenfahre, habe ich es nicht eilig. Da kann das Auto vor mir so langsam durch die Gegend tuckern, wie es will – das stört mich nicht, ganz egal, ob da nun Männlein oder Weiblein am Steuer sitzt.

Muss ich allerdings geschäftlich nach Den Haag und dort womöglich auch heute noch ankommen, geht mir ein vorausfahrender Viehtransporter ebenso auf die Nerven wie eine Oma, die wie in Trance in ihrem Mercedes sitzt und ihr Gaspedal nicht findet. Wenn ich es eilig habe – das gebe ich gerne zu –, fahre ich auch mal zu schnell, wenn auch mit schlechtem Gewissen.

Allerdings ist Rasen relativ. Bei uns in Holland darf man nicht schneller als 120 Stundenkilometer fahren. Bei 150 fühlt man sich schon wie Michael Schumacher und riskiert hohe Geldstrafen. Dass es aber auch ein Land gibt, in denen man sogar noch mit 250 Sachen über Autobahnen rasen darf – auf denen auch Kleinwagen voller Kleinfamilien unterwegs sind –, ohne anschließend in Handschellen abgeführt zu werden, erstaunt Holländer immer wieder aufs Neue.

Anne

Warum Frauen so gerne am gemeinsamen Nest bauen ...

Ein Nest zu bauen, liegt wohl in der weiblichen Natur begründet. Wir legen natürlich keine Eier. Und wir Frauen sehnen uns nur selten danach, im Baumhaus zu wohnen. Aber ein schönes, warmes Wohlfühlnest im allein stehenden Haus – Ziegelbau, 150 Quadratmeter Wohnfläche –, das ist doch gar nicht so übel.

Überlässt man Männern die Inneneinrichtung, darf man sich nicht wundern, wenn dabei eine mehr oder weniger geglückte Collage aus Designermöbeln und Hightech herauskommt. Viel Glas und Metall. Lautsprecherboxen in der Größe von Tiefkühltruhen. Im Schlafzimmer rundum große Spiegel und im Kinderzimmer ... ach, das ist ihnen eigentlich egal.

Wir Frauen streben jedoch keinen Designerpreis an, sondern wollen einfach nur viel Platz zum Kuscheln haben. Haben Sie schon einmal die Vögel auf dem Feld beobachtet? Sie säen nicht, sie ernten nicht – und vor allem verwenden sie beim Nestbau weder Glas noch Metall. Jedes Ästchen wird sorgfältig gewählt, und auch Stoffstückchen oder Federn kommen zum Einsatz. Dann wird gezupft und korrigiert, bis alles seinen richtigen Platz hat und es so gemütlich ist, dass die Brutstätte ihrem Namen alle Ehre macht.

Frauen machen das ähnlich: Ein Stück kommt zum anderen, so lange, bis die ganze Familie sich wohlfühlt. Außer vielleicht Männer, die besonderen Wert auf Styling legen. Aber wenn die wirklich lieber in einem Käfig wohnen, können sie ja immer noch ihr Arbeitszimmer so einrichten: ein Glastisch, ein Stahlstuhl, ein schicker Laptop – das reicht doch locker, um viel Geld zu verdienen und sich unwohlzufühlen.

Jan

... und Männer lieber an der Märklin-Eisenbahn werkeln

Ich habe es schon lange aufgegeben, Anne beim Einrichten der Wohnung reinzureden. Frauen sind da merkwürdig: sie können nichts Vernünftiges entwerfen und planen. Das Ganze hat einfach kein Konzept. Die Einrichtung entsteht nach dem Zufallsprinzip: Da wird plötzlich ein Rattantischchen gekauft, hier kommt eine Patchwork-Decke dazu, dort muss unbedingt eine Lampe in die Ecke, wo niemand Licht braucht, zudem eine Funzel, die ohnehin kaum Licht spendet. Aber ich muss zugeben – irgendwie ist es dann doch gemütlicher, als wenn ich es eingerichtet hätte.

Glücklicherweise ist es Tradition, dass Männer zumindest ein kleines Reservat bekommen, wo sie produktiv tätig werden können. Bei meinem Freund Paul ist das der Keller, in dem er sich eine erstaunliche Miniaturlandschaft gebaut hat – durchzogen von einem Modelleisenbahnnetz. Mit Brücken, Tunneln, Haltestellen und allem Drum und Dran. Die Technik, die man dazu braucht, ist auch nicht ohne. Da müssen Weichen gestellt, Fahrpläne ausgeklügelt und Lokomotiven repariert werden. Wenn ich ihn besuche, sitzen wir oft stundenlang im Keller. Bekanntlich wollen die meisten kleinen Jungs ja Lokomotivführer werden. Ich bin froh, dass unser Sohn lieber Rennfahrer werden wollte, denn wir hatten keine Minieisenbahn, sondern eine Carrerabahn. Wir sind Rennen gefahren, gegen die die normale Formel 1 ein Nickerchen ist.

Kleine Mädchen beschäftigen sich lieber mit Puppen. Meine Tochter hat die Rennbahn jedenfalls nie interessiert. Dabei ist so eine Rennstrecke wirklich spannend, weil man damit richtige Rennen fahren kann. Und auch pädagogisch gesehen ist einiges geboten. Beispielsweise hatte unser Sohn seine eigenen Rennwagen, die er selbst in Schuss halten musste. Er lernte etwas über Elektrizität (als er seine Finger an ein blankes Kabel hielt). Vor allem aber lernte er, dass es für Männer eigentlich nur eine Möglichkeit gibt, so richtig Spaß zu haben: Sie müssen sich im Hobbyraum verkriechen.

Anne

Warum Frauen immer alles aufheben ...

Werte entstehen nicht zufällig. Was unsere Großeltern unseren Eltern eingeprägt haben, das verinnerlichen auch wir. Was meine Vorfahren betrifft, so wurden sie wie so viele andere stark von der Erfahrung des Zweiten Weltkriegs geprägt. Und so habe ich von Kind auf gelernt, dass man nichts wegwerfen darf – nichts zumindest, was man *irgendwann* oder *irgendwie* noch brauchen könnte.

Obwohl wir heute in einer Überflussgesellschaft leben, habe ich mit der Wegwerfmentalität dennoch meine Probleme. Warum kann man einen Fernseher heutzutage nicht mehr reparieren – ja, nicht einmal einen Fotoapparat oder einen Wecker? Warum müssen wir uns immer gleich das neueste Modell kaufen – oder bekommen es gar aufgedrängt? Der Handyvertrag wird verlängert, und schon liegt ein neues Gerät auf dem Tisch. Es liegt neben den drei älteren Modellen, die ich doch deswegen nicht wegwerfe – sie funktionieren ja noch.

Klar ist es ein Problem, dass wir zu viel haben, aber die Lösung kann doch nicht darin bestehen, jetzt alles wegzuschmeißen! Immerzu bekomme ich Dinge geschenkt – Geschenke zum Geburtstag, zu Weihnachten, zum Hochzeitstag (den Jan tatsächlich fast nie vergisst) oder einfach nur »Danke-für-die-Gastfreundschaft-Geschenke«. Und dann die zahllosen Werbegeschenke: Müsli-, Honig-, Shampoo- oder Früchteteepröbchen. Soll man all das gleich entsorgen, nur weil man gerade keine Lust auf Früchtetee hat? Und was ist mit den Büchern? Vor allem die, die ich schon zwei- oder dreimal gelesen habe, werde ich vermutlich auch noch ein viertes Mal lesen. Bücher landen bei mir nie im Müll. Auch keine CDs, denn egal, ob Bruckner oder Joe Cocker – gute Musik veraltet nicht.

Natürlich weiß ich, dass das Chaos bei uns zu Hause daher rührt, dass ich immer alles aufhebe – von Tante Irmgards Holundersirup bis zum Papierschirmchen aus dem Eisbecher. Aber was soll's, sicher kann ich das alles noch gebrauchen – *irgendwann* und *irgendwie*.

… und warum Männer am liebsten ausmisten

Zeig mir dein Badezimmerschränkchen, und ich sage dir, wer du bist. Allen männlichen Lesern empfehle ich, mal ins Badezimmerschränkchen ihrer Süßen zu schauen. Oder in ihre Handtasche. Ich weiß schon, das gehört sich nicht – aber Anne wollte mal, dass ich Geld für sie aus ihrer Handtasche hole. Also hatte ich auch ihren Geldbeutel in der Hand – ein wahres Platzwunder! Auf engstem Raum von allem ganz viel: Visitenkarten, Kleingeld, fremdländische Münzen, vergilbte Familienfotos, Plastikgeld und Kundenkarten von sämtlichen Drogerie-, Lebensmittel- und Textilkonzernen.

Auch ein Blick in unsere Küche verrät die weibliche Sammelleidenschaft: verschiedenste Töpfe und Pfannen, drei Woks (aber chinesisch essen wir nur auswärts), Kuchen- und Plätzchenformen (ich kann mich nicht erinnern, dass Anne jemals Plätzchen gebacken hätte), eine Messersammlung, um die sie Jack the Ripper beneiden würde (wenn die Messer nicht größtenteils stumpf wären) … Anzeichen eines ausgeprägten Nesttriebs auch im Bad: ganze Batterien von Haut-, Falten-, Hand-, Fuß-, Gesichts-, Augen-, Tages-, Nacht-und-Nebel-Cremes.

Was wollen Frauen mit dem ganzen Klimbim? Einen Privatflohmarkt eröffnen? Oder hoffen sie auf Krisenzeiten und auf steigende Schwarzmarktpreise?

Im Gegensatz zu Frauen erkennen Männer die Weisheit, die in der simplen Forderung »Simplify your life« steckt, sofort. Schon Indianern hätte das gefallen, denn im Tipi war ohnehin kein Platz für Firlefanz. Besitz belastet nur. Was nicht in einen Rucksack oder in die Seitentaschen einer Harley Davidson passt, das braucht man auch nicht zum Überleben. Männer sind eben Jäger und gehen gerne frei und unbelastet durchs Leben. Eine Ausnahme bilden die Sammler. Briefmarken oder Münzen zu sammeln geht noch. Doch gegen Männer, die Bauernschränke, Kontrabässe oder Oldtimer sammeln, sind selbst fanatische Nestbauerinnen samt ihren Parfümpröbchen harmlos.

Anne

Warum Frauen (große) Handtaschen brauchen …

Eine Handtasche lässt sich nicht mit einem Stoffbeutel vergleichen. Auch nicht mit einem Wanderrucksack. Frauen haben ein ganz besonderes Verhältnis zu ihrer Handtasche – oder sollten wir lieber sagen: zu ihren Handtaschen? Der Sänger Simon Le Bon (Duran Duran) hat es auf den Punkt gebracht, als er sagte: »Die Handtasche einer Frau ist ein ebensolches Mysterium wie die Frau selbst.«

Genau wie Schuhe sind auch Handtaschen keine Gebrauchsgegenstände. Um Kartoffeln aus dem Keller zu holen, sind sie gänzlich ungeeignet. Eine Handtasche ist vielmehr ein modisches Accessoire, das zu verschiedenen Gelegenheiten passen muss: zum Theaterbesuch ebenso wie zum Shoppen und natürlich auch zu den wichtigsten Outfits – eine fürs Kostüm, eine für das kleine Schwarze, eine für die Poolparty und so weiter. Wen wundert es da, wenn Frauen bis zu zehn verschiedene Modelle im Schrank stehen haben?

Die Handtasche meiner Großmutter war ein Ungetüm aus weißem Leder. Später wurden Handtaschen immer kleiner. In den Achtzigerjahren kosteten winzige Versace-Handtaschen bereits ein Vermögen, und alles, was man darin unterbringen konnte, waren ein Lippenstift und eine Scheckkarte.

Inzwischen geht der Trend wieder zum XXL-Modell. Außer Lippenstift und Scheckkarte sollten nämlich auch Make-up, Führerschein, Geldbörse, Sonnenbrille, Terminkalender, Tampons, Schlüssel, Adressbüchlein, Kondome, Tempotaschentücher und Kopfschmerztabletten hineinpassen. So gesehen können Männer noch von Glück sagen, dass wir nicht ständig mit Trolley unterwegs sind. Den müssten sie uns dann nämlich hinterhertragen, während wir unsere Handtasche ja lieber selbst in der Hand behalten. Und was die vielen Vorurteile gegenüber unseren »Shoppern« betrifft, so sollten sich Männer einmal klarmachen, dass große Handtaschen im Gegensatz zu großen Autos keinen Tropfen Benzin verbrauchen und der Anschaffungspreis so gesehen auch nur *relativ* hoch ist.

… und Männer problemlos mit ihren Hosentaschen auskommen

Wie wichtig Frauen ihre Handtasche ist, erfuhr ich einmal in der Zeitung: In Hongkong weigerte sich eine junge Flugpassagierin, ihre edle Gucci-Handtasche unter dem Sitz zu verstauen. Das Flugzeug stand bereits auf der Startbahn, aber die Dame blieb trotz aller Überredungskünste des Bordpersonals renitent. Schließlich mussten Sicherheitskräfte sie mitsamt ihrer Gucci aus dem Flugzeug werfen.

Einem Mann könnte das nicht passieren. Selbst komfortverwöhnte Rentner kommen mit einer Gürteltasche aus. Und ein Mann, der in Jeans und Sakko durch die Stadt zieht, verzichtet auch auf den Bauchbeutel. Um Autoschlüssel, Kreditkarte und vielleicht noch das Schweizer Taschenmesser unterzubringen, genügen die Hosentaschen dicke. Geldbeutel und Feuerzeug passen in die Innentaschen des Sakkos – und die Sonnenbrille kann man auf die Nase setzen, wenn die Sonne hell scheint, oder an die Stirn klemmen, wenn Wolken aufziehen.

Warum alles so kompliziert machen? Wer ein wenig Vertrauen in den Lauf der Dinge hat, kann gut darauf verzichten, sein Rasierzeug überallhin mitzunehmen. Hey, Leute – wir leben nicht in Angola! Mit einer EC-Karte kriegen wir immer noch etwas zu essen. Und falls tatsächlich Starkregen kommt, sollten wir uns nicht darüber aufregen, schon wieder ohne Gummistiefel losgegangen zu sein, sondern uns ins Café setzen, abwarten und Tee trinken. Oder ein Taxi anrufen. Ach so, ja: Das Handy – das muss natürlich noch mit rein in die Hosentasche.

Am Ende ein Tipp: Wenn Sie langsam verzweifeln, da Ihre Süße regelmäßig überteuerte Handtaschen kauft, dann schicken Sie sie doch mal zu www.luxusaufzeit.ch. Hier können Edeltaschen für einen oder mehrere Monate gemietet werden – und das für nur 75 Fränkli im Monat.

Warum Frauen mit Gift morden …

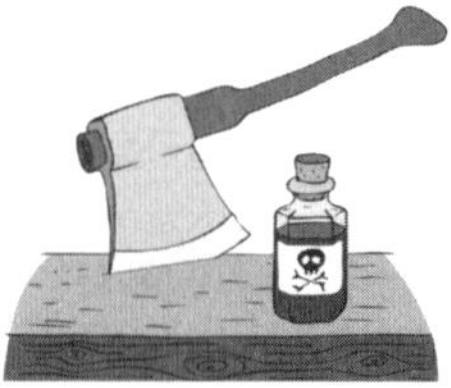

Der Mörder ist immer der Gärtner – und nicht etwa die Gärtnerin. Dass Männer so viel häufiger morden als Frauen, liegt wohl am Testosteron. Doch keine Sorge: Bei den allermeisten Männern sorgt das Hormon nur dafür, dass sie rege Sexualphantasien entwickeln und sich jeden Morgen rasieren müssen. Die wirklich Gemeingefährlichen hingegen sitzen gut aufbewahrt im Gefängnis.

Wer nun meint, dass Frauen Unschuldsengel wären, täuscht sich. Frauen sind auch nicht immer nett: Sie spinnen Intrigen, lesen fremde Tagebücher, kriegen Eifersuchtsanfälle, tragen Pelzmäntel und erschlagen Mücken. Und einige von ihnen – man muss es leider sagen – ermorden auch mal andere Menschen.

Und doch gibt es einen Unterschied zum männlichen Meuchler: Frauen sind »eleganter« – falls man das Wort hier überhaupt benutzen darf. Sie finden Beil und Messer ungehobelt und viel zu archaisch. Blutflecken im Teppich sind ihnen zuwider. Selbst Pistolen benutzen sie ungern, nicht zuletzt, weil sie nicht besonders gut zielen können. Lieber greifen sie zu Gift. Zu selbst gemischten Medikamentencocktails, die kein Arzt je verschreiben würde. Oder zu Zyankali – das ist effektiv und ergiebig. Schon eine Messerspitze im Vanillepudding genügt, und wenn der Kommissar später fragt, dann war es eben … ein Herzanfall.

Um aber mal auf dem Teppich zu bleiben: Das Leben ist kein Agatha-Christie-Krimi. Zum Glück leben wir nicht in der Bronx. Mord und Totschlag kommen bei uns kaum vor. Aber man wird ja wohl mal nachdenken dürfen. Wer weiß schon, was die Zukunft bringt …

… und Männer lieber Hand anlegen

Der Mörder mit der Kettensäge ist immer ein Mann – das ist klar. Ob Hannibal Lecter, Jack the Ripper oder Charles Manson: ohne böse Männer wären die Belletristikregale im Buchladen leer gefegt, und jedes zweite Kino könnte einpacken. Giftmorde eignen sich nicht für Thriller. Auch nicht für Splatterfilme. Die heißen so, weil da viel Blut auf Bettlaken, Stuckdecken und in die Kamera spritzt. Frauen hingegen, die ihr Opfer mit Gift erlegen, machen sich nicht mal die manikürten Finger schmutzig – was soll man da schon in Szene setzen?

Obwohl natürlich auch Frauen Wallander-Krimis lesen und in Halloween-Filme gehen, sind es doch eher Männer, die zu roher Gewalt neigen. Jahrtausende der Bärenjagd, Stammesfehden und Kriege haben ihre Spuren hinterlassen. Angst vor Blut hat heute kaum noch einer. Bei Chirurgen, Notärzten und Metzgern ist das auch gut so – schlecht jedoch bei Kriminellen. Da wird dann kurzerhand das Sushimesser aus der Küchenschublade geholt. Oder besagte Kettensäge aus dem Schuppen. Im Anschluss wird es unästhetisch. Der Vorteil ist, dass der Täter schnell vor Augen hat, was er da angerichtet hat. Und Selbsterkenntnis ist bekanntlich der erste Schritt zur Besserung. Der zweite Schritt sind fünfzehn Jahre Zuchthaus.

Männliche Mörder werden fast immer geschnappt. Da sie impulsiv und unhygienisch morden, haften ihren Opfern verräterische DNA-Spuren an. Frauen landen seltener im Knast. Sie morden still und heimlich oder – besser noch – lassen morden.

Doch so oder so: Morden schadet der Beziehung. Ein krimineller Partner ist ein guter Grund, die Scheidung einzureichen. Wenn einer von beiden einen ausgeprägten Hang zum Verbrechen hat, sollte er sich lieber einen gleichgearteten Partner suchen. So wie aus »Bonnie und Clyde« kann aus den beiden dann todsicher ein Traumpaar werden.

Anne

Warum Frauen mindestens drei Koffer brauchen, wenn sie verreisen ...

Von wegen »Urlaub ist die schönste Zeit«. Sie glauben gar nicht, wie viele Beziehungskrisen rund um den Urlaub entstehen. Allein schon die Wahl des richtigen Ferienziels stellt Paare vor eine beziehungstechnische Meisterleistung. Sie will an den Strand, er ins Hochgebirge. Er träumt von Flaschenbier, Grillwürstchen und Geländemotorrad – sie will im Wellnesshotel mit Gurkenscheiben im Gesicht Aloe-vera-Saft trinken.

Kommt es überhaupt mal zur Einigung, geht es dann ans Einpacken – Runde zwei im Paarkampf. Männer packen so: sie schmeißen alles in einen Rucksack und schütteln dann ordentlich durch. Frauen sind ganz anders. Sie stehen lange vor ihrem Kleiderschrank und denken: »Oh Gott, ich habe gar nichts anzuziehen.« Um sich die Entscheidung zu erleichtern, wählen sie nicht »entweder oder«, sondern »sowohl als auch«. »Soll ich das hellblaue, das dunkelblaue oder das schwarze T-Shirt einpacken? Ach, am besten alle drei. Könnte ja sein, dass auf einem davon ein Aloe-vera-Saftfleck landet ...«

Aus dem einen Koffer, der mit auf die Reise sollte, werden ganz leicht drei. Selbst die minimale Grundausrüstung braucht Platz: die schicke Abendgarderobe für die Operngala, die lässigere für den Musicalbesuch. Ein paar Jeans, Röcke, Blusen und Shirts in den Grundfarben – nichts Aufwendiges, nur ein paar Kombinationsmöglichkeiten. Bademantel, Bikinis, Strandtücher, Sonnenhut, ein paar Pullis (man weiß ja nie), ein paar Jacken (Blazer, Jeansjacke, Regenmantel) – ach so, ja: und natürlich die Schuhe. Und schon ist wieder ein Koffer voll.

Diverse Täschchen mit Kosmetik- und Hygieneartikel dürfen nicht fehlen, und auch eine kleine Hausapotheke muss mit. Vor allem Aspirin – das brauchen wir, wenn unser Partner sich am Flughafen mächtig aufregt, nur weil unser Handgepäck mehr wiegt als sein Koffer. Kein Wunder, wenn es im Urlaub dann wieder nur Streit gibt ...

Jan

… und Männer notfalls sogar ohne Zahnpasta losfahren

Das Leben ist kompliziert genug – ein guter Grund, sich auf das Wesentliche zu beschränken. Auf Reisen übertragen heißt das: Travel light! Simplify your trip! Und fang bloß nicht an, unnötigen Ballast mit dir herumzuschleppen.

Eine Reise ist kein Umzug. Kleiderschrank, Doppelbett und Bibliothek passen schlecht in den Koffer. Und mit den Koffern ist es wie mit den Autos – früher waren die Dinger noch übersichtlich und funktional, aber heute muss man ja alles in Größe XXL haben. Interessant finde ich, dass selbst Frauen mit winziger Konfektionsgröße Riesenkoffer mit sich herumschleppen. Warum eigentlich? Brauchen ein paar Bikinis und das Hera-Lind-Taschenbuch wirklich so viel Platz?

Männer sind da einfacher gestrickt. Sie haben keine Lust, am Flughafen Unsummen für Übergepäck auszugeben. Das Einzige, was sie eventuell mit sich herumschleppen, ist ihr eigenes Übergewicht. Das schränkt die Bewegungsfreiheit schon genug ein – da braucht man nicht auch noch drei Koffer.

Typisch weibliche Vorurteile erklären, warum Männer auch ohne Gepäck verreisen können: Da sie ohnehin nicht lesen können, erübrigt es sich, die Danziger Trilogie von Günter Grass einzupacken; da ihnen Hygiene unwichtig ist, können Shampoo, Aronal und Elmex getrost zu Hause bleiben; da sie Kulturmuffel sind, brauchen sie keinen Anzug für die Oper; da sie nicht essen können, ohne zu schmatzen, fällt das Edelrestaurant aus und damit Hemd und Krawatte. Und um ein paar Shorts und ein Hawaiihemd zu waschen, reicht auch Rei in der Tube.

Doch wie gesagt – das sind alles nur Vorurteile. Interessiert Sie der wahre Grund für das leichte Gepäck? Da Männer mit den Koffern ihrer Partnerin alle Hände voll zu tun haben, haben sie einfach keine mehr frei, um einen eigenen Koffer zu tragen.

Anne

Frauen lieben treue Männer

Eines der wichtigsten buddhistischen Prinzipien besagt, dass alles im Leben vergänglich ist. Ob unangenehme oder angenehme Dinge, ob Zahnarztbesuch oder Flitterwochen – es ist nur eine Frage der Zeit, bis die Dinge vergehen. Bei Schnittblumen muss man nicht lange warten, bis sie verwelkt sind. Marmor, Stein und Eisen halten ein paar Jahre länger – aber irgendwann gehen auch sie zu Bruch.

Was aber ist bitte schön mit der Liebe? Was ist mit Romeo und Julia? Soll nicht wenigstens wahre Liebe ewig währen? Warum sagt jeder Pfarrer zu den Brautleuten, dass sie sich lieben und ehren sollen, bis dass der Tod sie scheidet? Und es soll ja sogar Formen der Liebe gehen, die den Tod überdauern – Menschen, die ihrem Partner auch dann noch treu bleiben, wenn der bereits seit zehn Jahren unter der Erde liegt.

Jetzt wollen wir es mal nicht übertreiben. Alles, was eine Frau braucht, ist ein lebendiger, aber treuer Mann. Zugegeben – das mag auch biologische Gründe haben. Immer schon sind es die Frauen, die sich um Nachwuchs und Nestpflege kümmern. Ein Mann, der sich mit einer anderen aus dem Staub macht, kaum dass die beiden Kinder ein und drei Jahre alt sind, ist nicht gerade eine große Hilfe. Sicher ist das Prinzip der Vergänglichkeit nicht so gemeint, dass es in Ordnung wäre, Frau und Kinder sitzen zu lassen. Denn bei der neuen Geliebten, so viel ist mal klar, werden die Hormone auch nicht ewig Rock 'n' Roll tanzen.

Ich schätze Männer, die zu ihrer Entscheidung stehen und wissen, dass Liebe keine Frage der Hormone oder der BH-Größe ist. Liebe ist eine Haltung, die Offenheit, Bemühen und Achtsamkeit erfordert – in guten wie in schlechten Zeiten. So lange wie Marmor, Stein oder Eisen muss natürlich kein Mann treu bleiben. Aber etwas länger als Schnittblumen, das wäre schon wünschenswert.

Männer sind (und bleiben) gerne Aufreißer

Ganz gleich, ob Mann oder Frau: Liebe und Treue werden oft mit Ekstase und heißer Erotik verwechselt. Das kurze aufflackernde Feuer mit der dauerhaft wärmenden Glut. Doch richtige Beziehungen sollten etwas länger als vierzehn Tage dauern. Beziehungskiller Nummer eins ist immer noch der Seitensprung. Umgekehrt steht Treue an oberster Stelle der Werte, die Paare wichtig finden. Aber Vorsicht: In einer großen Emnid-Umfrage gaben über elf Prozent der Befragten an, dass Untreue für sie schon beim kleinen Flirt beginne, das mit der Treue muss man also eher eng sehen.

Da ist es dumm, dass es Männern schwerfällt, weibliche Reize zu ignorieren. Gehen Sie mal in eine Table-Dance-Bar, dann werden Sie schnell sehen, dass keiner der anwesenden Herren seinem Bier, seinem Handydisplay oder seinem Kumpel auch nur einen Blick schenkt – jeder hängt wie hypnotisiert an dem Geschehen auf der Bühne.

Nun sind Nacktbars noch relativ unbedenklich (wenngleich die Frauenbeauftragte mir hier zu Recht widersprechen wird). Beziehungstechnisch gesehen ist es viel gefährlicher, wenn Männer in freier Wildbahn Don Juan spielen. Die Biologie programmiert jeden Mann darauf, seine Gene ebenso wahllos in die Welt zu streuen wie die Pusteblumen ihre Samen. Und wie man nicht nur im Kino sieht, sind Aufreißer recht erfolgreich, denn viele Frauen reagieren willig auf Womanizer.

Gehemmte Staatsbeamte mit Halbglatze, Nickelbrille und Bausparvertrag haben es da schwer. Doch irgendwann bekommen auch sie ihre Chance – dann nämlich, wenn Frauen mit ihrem Latin Lover gründlich auf die Nase gefallen sind. Ekstase und Erotik können nämlich auch in die Hose gehen. Liebe und Treue sind da die bessere Wahl – auch für Männer. Denn alternde Casanovas geben ein eher trauriges Bild ab, während Familienväter auch dann noch zufrieden und emotional stabil wirken, wenn sie Opa geworden sind.

Anne

Warum Frauen gern mal einen Orgasmus vortäuschen …

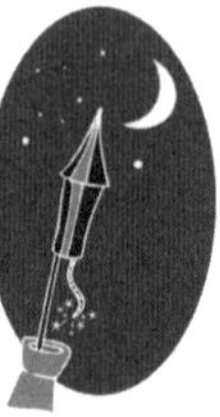

Ein vorgetäuschter Orgasmus ist für eine Frau kaum mehr als eine Notlüge. Er dient nur dazu, endlose Sexmarathons, Stress im Bett und Minderwertigkeitskomplexe bei ihrem Liebsten zu vermeiden. Und natürlich auch dazu, bloß nicht den Eindruck zu erwecken, dass man als Liebhaberin eine lahme Tüte sei.

Für Männer ist Sex ohne Orgasmus ein Reinfall. Frauen können auch viel Spaß haben, ohne den Gipfel der Lust zu erstürmen. So wie Männer und Frauen passen auch männliche und weibliche Orgasmen schlecht zusammen. Männer sind Sprinter, Frauen Marathonläuferinnen. Das Beste wäre da wohl, seinem Partner offen zu sagen, was Frauen wirklich brauchen, um durchzustarten. Schließlich können Männer das nicht riechen. Aber nicht immer ist Zeit für Nachhilfestunden, und nicht immer sind Männer selbstbewusst genug, um Verbesserungsvorschläge auch anzunehmen.

Dabei gäbe es ja genug Tricks, um sich als Frau etwas mehr Zeit zu verschaffen. Ein paar kleine einleitende Streicheleinheiten sind beispielsweise eine gute Idee. Effektiv ist auch die alte Tantratechnik, bei der Männer vor ihrem Orgasmus mal kurz Ruhe geben und sich nicht bewegen, um dann in die nächste Runde zu gehen. Falls Männer jedoch weder kuscheln noch stillhalten wollen, ist die Versuchung groß, das Ganze mit einer kleinen Schauspieleinlage zu beenden. Allerdings: Wer einmal anfängt, seinem Partner ein X für ein U vorzumachen, gewöhnt sich schnell daran. Dann wird es immer schwieriger, aufrichtig zu sein. Und am Ende steckt man in einer anstrengenden und noch dazu schlecht bezahlten Rolle als Erotikdarstellerin. Wer »ah« sagt, muss eben auch »ooohhh« sagen.

... und Männer immer drauf reinfallen

Von eifersüchtigen Jünglingen einmal abgesehen, vertrauen die meisten Männer ihren Frauen – vor allem, wenn sie länger mit ihnen zusammen sind. Und da Männer grundsätzlich gern davon ausgehen, dass sie ganz tolle Hechte sind, kommen sie gar nicht so leicht auf die Idee, dass Frauen ihnen etwas vorspielen könnten.

Ehrlich gesagt sind Männer beim Sex auch ganz und gar auf zwei Dinge konzentriert – auf den Busen (oder den Po) ihrer Mitschläferin und auf ihren eigenen Spaß. Einen echten von einem vorgetäuschten Orgasmus zu unterscheiden, braucht jedoch viel Feingefühl. (Frauen haben es da leichter – ein Blick aufs Kondom genügt, um zu wissen, ob sein Orgasmus echt war oder nicht.)

Nach einer großen Emnid-Umfrage aus dem Jahr 2008 täuschen rund achtzig Prozent aller deutschen Frauen »gelegentlich« einen Orgasmus vor. Um die vermeintliche Schauspielerin zu entlarven, brauchen Männer jedoch eine gute Beobachtungsgabe, denn Taschenlampe und Vergrößerungsglas verbieten sich bei der Erforschung weiblicher Signale.

Der *echte* Orgasmus hat vier Phasen: In der Erregungsphase wird die Vagina feucht. In der Plateauphase klopft das Herz der Partnerin wie das eines Hürdenläufers. Richtig geht es dann in der dritten, der Orgasmusphase los: Atem und Puls laufen auf Hochtouren, und es kommt zu kräftigen Kontraktionen der Scheiden- und Gebärmuttermuskulatur. Ein starkes Kuschelbedürfnis zum Schluss liefert Sexdetektiven dann noch den letzten sicheren Hinweis, nicht zum Narren gehalten worden zu sein.

Das Problem ist nur: Welcher Mann will das wirklich wissen? Wer will am Ende herausfinden, dass er es einfach nicht draufhat? Machen wir uns nichts vor: Das ganze Leben ist eine Illusion. Nur wer wirklich gut im Sattel sitzt, sollte sich dem stellen. Für alle anderen gilt: Kontrolle ist gut – Vertrauen ist besser!

Anne

Frauen trainieren Bauch, Beine, Po

Zum Glück gehöre ich zu den Frauen, die auch ohne viel Sport halbwegs mit ihrer Figur zufrieden sind. Im Alltag bin ich viel in Bewegung, und hin und wieder gehe ich joggen. Bisher komme ich damit gut zurecht, und ich hatte nie das Gefühl, dass Fitnesstraining das wäre, was mir zu meinem Glück noch fehlte.

Als meine Freundin Saskia mich kürzlich überreden wollte, doch mal eine kostenlose Probestunde in ihrem Fitnessklub zu nutzen, war ich skeptisch. Zwar trainiert Jan einigermaßen regelmäßig in einem Fitnessstudio um die Ecke, aber mich hat es da noch nie hingezogen. Irgendwie weckt das Wort in mir unangenehme Vorstellungen – »Fitness« und auch noch »Studio«: Das klingt nach klein, stickig, dunkel, nach Schweißbude, Männerdomäne und nach Anstrengung. Nichts, worauf ich spontan Lust hätte. Andererseits schien es Saskia wirklich wichtig zu sein, nicht alleine gehen zu müssen, also sagte ich zu. »Was braucht man denn da so?«, wollte ich wissen. »Ach, eigentlich gar nichts. Nur was Bequemes zum Anziehen und ein großes Handtuch.«

Das Studio war größer, als ich dachte. Es war hell, gut gelüftet, und die Musik war okay. Der Trainer zeigte uns die Muskelgeräte und hörte nicht auf zu betonen, wie gut die jeweilige Übung für den Bauch, die Po- und die Beinmuskulatur sei. Nach dem Geräteparcours schnupperten wir noch bei Pilates rein. Bei den Übungen wieder die obligatorischen Hinweise auf die straffenden Wirkungen für aus der Form geratenen Oberschenkel-, Bauch- und Gesäßpartien – diesmal von einem Halle-Berry-Klon.

»Was soll eigentlich dieser Bauch-Beine-Po-Kult?«, fragte ich Saskia auf dem Heimweg. Sie zuckte nur mit den Schultern und sagte: »Na, worauf, meinst du, schauen Männer zuerst?« Stimmt. Trotzdem gehe ich lieber wieder joggen – nicht wegen Bauch, Beine, Po, sondern wegen der frischen Luft und des guten Frühstücks, das ich anschließend mit gutem Gewissen genießen kann.

Männer stählen ihren Bizeps

Männliche Attraktivität ist ein Geheimnis, das offenbar wenig mit der Figur zu tun hat. Selbst Problemzonen wie Bierbäuche werden von Frauen zuweilen als gemütlich und kuschelig empfunden, wenn nur der Rest stimmt. Außerdem ändert sich der ästhetische Geschmack ständig: Mal ist der androgyne Typ gefragt, mal der bärige, mal der schlanke Dandy und dann wieder der athletische Typ. Ein Mythos, der nicht auszurotten ist, besagt, dass Frauen auf Bodybuilder abfahren. Nur kenne ich keine einzige Frau, die mit ihrem Metzger oder einem Wrestlingstar verheiratet sein möchte. Trotzdem trainieren Horden von Männern nimmermüde Brust, Latissimus und Bizeps. Bei so viel Oberkörpertraining ist es ein Wunder, dass die schmächtigen Beinchen den Körper noch tragen können.

Was mich betrifft, so gehöre ich offensichtlich zu den Ausnahmen. Nachdem ich mich in jungen Jahren erfolglos bemüht habe, durch Hantelschwingen wie Rambo auszusehen, bin ich mit dem Älterwerden zur Vernunft gekommen. Der erste Grund: Irgendwann fängt man an, sich Gedanken darüber zu machen, ob eine knackige Figur es wirklich wert ist, so viel Lebenszeit damit zu verbringen. Gibt es nicht wichtigere Werte? Gelassenheit, Lebensfreude, Humor, Freundschaft oder Glück? Zweiter Grund: Nach einem Bandscheibenvorfall war ich gezwungen, bewusster zu trainieren und besser auf meinen Körper zu achten. Seither stärke ich vor allem meine Tiefenmuskulatur, verbessere meine Haltung und Kondition und trainiere mit leichten Gewichten und ohne schmerzverzerrtes Gesicht.

Außerdem lande ich regelmäßig in Yoga-, Aerobic- und Pilateskursen, was den Vorteil hat, dass ich dort als einziger Mann jede Menge Auswahl an Frauen habe (schon klar, ich bin verheiratet und käme *nie* auf die Idee ...) und dass ich zwar keine Gorillabrust, dafür aber ziemlich knackige Bauch-, Bein- und Pomuskeln habe.

Anne

Frauen lieben Cappuccino

Ehrlich gesagt, habe ich keine Ahnung, woran es liegt – wenn ich jedoch Frauen in meinem Umfeld beobachte, sehe ich sie beim obligatorischen Nachmittagstratsch immerzu an Cappuccino, Latte macchiato oder Caffè Latte nippen. Ganz egal, ob jung oder alt, ob Mama oder Single – ein Espresso oder schwarzer Kaffee wird selten bestellt.

Ob es die Sehnsucht nach Italien ist? Nein, das kann es eigentlich nicht sein, denn die Zeiten, da der Cappuccino noch mediterranes Lebensgefühl geweckt hat, sind vorbei. Heute gibt es Kaffeemixgetränke in jeder amerikanischen Coffee-to-go-Kette, und außerdem stammt der Espresso ja schließlich auch aus Italien. Überhaupt scheint das Phänomen nicht auf italienische Heißgetränke beschränkt zu sein – Frauen trinken genauso gerne Café au Lait, die französische, oder Melange, die Wiener Variante.

Von meinen Freundinnen käme keine auf die Idee, zum Kuchen schwarzen Kaffee zu trinken. So etwas haben vielleicht noch unsere Großmütter gemacht, aber heute wollen es die Frauen gern ein bisschen stilvoller – nämlich sanft, belebend, süß und mit viiiel Milchschaum.

Vielleicht hilft uns ja die Philosophie, den weiblichen Hang zu Cappuccino zu erklären: Wer schwarzen Kaffee mit weißem Milchschaum trinkt, bewahrt sich den Blick für die Polarität des Lebens, für Yin und Yang, für die zwei Seiten einer Münze. Er sieht nicht alles schwarz *oder* weiß, sondern schwarz *und* weiß. In einer simplen Latte-macchiato-Tasse entdeckt er (oder besser gesagt sie) die Ganzheit des Lebens, die Vielfalt des Universums und die tiefe Wahrheit, dass es immer nur auf die richtige Mischung ankommt.

Vielleicht gibt es aber auch einen viel banaleren Grund: In Kombination mit Milch und Zucker schmeckt das Zeug nicht mehr nach bitterer schwarzer Brühe, sondern eher wie eine leckere Kaffeepraline – und inzwischen wissen wir ja: Frauen lieben Schokolade.

Wahre Männer trinken nur Espresso

Männer sind keine Weicheier, sondern Puristen. Harte Kerle. Zumindest sehen sie sich gerne so, und das ist ja auch kein Zufall: Was ein wahrer Mann ist, das erfahren kleine Jungs schließlich schon frühzeitig im Fernsehen. Bereits vor siebzig Jahren stand John Wayne lässig an der Bar des Saloons. Und was orderte er da – etwa Eierlikör oder Alkopops? Natürlich nicht, sondern Whiskey, und zwar pur, denn kein anderes Getränk hilft so gut, sich den Staub der Sierra Nevada aus der Kehle zu spülen.

Heute sind Männer eher Gourmets als Cowboys. Sie wissen einen barriquegereiften Barolo ebenso zu schätzen wie ein ausgereiftes Single-Malt-Bouquet. Und das Gleiche gilt natürlich auch für das Aroma einer Arabica-Kaffeebohne, die auf Vulkangestein heranwuchs. Welcher Mann würde sich seinen guten Geschmack schon dadurch verderben, dass er Mineralwasser in den Barolo, Cola in den Edelwhiskey oder Milchschaum in den Spitzenespresso kippt?

Was ein echter Mann ist, der will nicht am Strohhalm schlürfen, sondern das unverfälschte Aroma eines Espressos genießen. Eine repräsentative Studie, die im Auftrag von Tchibo durchgeführt wurde, zeigt, dass Männer bevorzugt zu Kaffeegetränken greifen, die sich schnell und unkompliziert zubereiten lassen. Frauen nehmen sich gern etwas mehr Zeit, um sich einen Cappuccino zuzubereiten. Der typische Espressokonsument ist männlich und zwischen 35 und 55 Jahre alt – also genau der Typ Mann, der zwischen zwei Aufsichtsratssitzungen genau drei Minuten Zeit hat, um schnell einen Espresso zu kippen und sich aus dem Energietief zu kicken. Kaffee macht wach, bringt die grauen Zellen auf Trab und beugt Alzheimer und Leberkrebs vor. All das ist gut für Männer. Zu dumm nur, dass Koffein auch die Pumpe schneller schlagen lässt, was in Verbindung mit Stress leicht zum Infarkt führt. Aber was soll's: In der Rehaklinik kann der Mann dann ja immer noch zu Latte macchiato oder einem anderen koffeinhaltigen Wellnessgetränk greifen.

Anne

Frauen denken gerne laut

Wissen Sie, warum Frauen so oft Selbstgespräche führen? Weil ihre Männer keinen Ton mit ihnen reden. Für wen Kommunikation so wichtig ist wie für Frauen, der hat nur zwei Möglichkeiten, wenn er mit einem Taubstummen unterwegs ist: Depressionen kriegen oder mit sich selbst reden. Selbstgespräche sind da unterhaltsamer.

Neulich beobachtete ich ein älteres Paar bei Tchibo. Während der Mann den Eindruck machte, bestellt und nicht abgeholt worden zu sein, schaute sie durch den Laden und kommentierte lebhaft das Angebot. »Schau mal – so eine Tischdecke hat Amelie doch auch. Aber diese hier ist sogar abwaschbar, und wenn Marie wieder mit ihrem Enkel kommt, landet die Hälfte ohnehin auf dem Tischtuch. Ich weiß auch nicht, warum sie den Kleinen nicht mal richtig erziehen kann. Mit fünf sollte man doch ein Glas in der Hand halten können.« Der Mann antwortete nicht. Kein Nicken, kein Schulterzucken – rein gar nichts.

Denken Männer weniger?

Ich vermute, dass sie schon denken, möglicherweise nicht einmal weniger, aber eben anders als Frauen. Ein bisschen wie ein Computer, der macht auch nichts, wenn man nicht die richtigen Tasten drückt. Und beim Mann sind die Tasten, die Reaktionen auslösen, eben Fragen, die Problemstellungen enthalten, und Fragen, die schnell mit Ja oder Nein beantwortet werden können. Wenn es keine formale Frage ist, mit Fragezeichen und allem Drum und Dran, kommen Männer gar nicht auf die Idee, dass etwas Verbales oder zumindest Nonverbales von ihnen erwartet wird.

Außer, wenn bestimmte Keywords fallen: *Auto* (wie in »ich fahre heute mal mit deinem Auto«), *schwanger* (wie in »ich bin schwanger«), *Bier* (kein Kontext nötig), der Name des Fußballvereins oder einfach *Sex*. Probieren Sie's mal aus. Reden Sie von diesem und jenem, und beobachten Sie Ihren Mann beim Nichtreagieren. Dann fügen Sie irgendwo, ganz ohne jede besondere Betonung, das Wort »Sex« ein. Wetten, dass er sofort aufhorcht?

Männer führen lautlose Selbstgespräche

An dieser Stelle einmal ein Plädoyer fürs Schweigen: Schweigen, das heißt dem Lärm der Welt entfliehen. Innehalten. Die eigenen Gedanken wie Wellen auf einem See zur Ruhe kommen lassen. Kein Wort mehr reden – außer vielleicht »OM«. Das Wesen der Dinge erkennen, das sich einem nur in der Stille offenbart. Sich scheiden lassen, ins Kloster gehen und endlich mal die Klappe halten. Ganz eintauchen in die Gegenwart des ewigen Jetzt …

Ich dachte immer, so etwas wie das »ewige Jetzt« fänden auch Frauen toll. Klingt doch ziemlich spirituell, oder? Aber nein: Frauen wollen immerzu quasseln. Und wenn nicht von banalen Dingen wie Tischdecken, dann über Gefühle, das Unterbewusstsein, Verdrängung und all so was. Sogar Frauen, die auf der Suche nach Weisheit sind, reden wie ein Wasserfall – über Tarotdeutungen, über Sternzeichen, über Astralwelten oder den Weltuntergang im Jahre 2012.

Und die Männer? Sie nicken schweigend. Wozu auch viel reden? Nicht einmal Verliebte bedürfen der Worte, während sie sich blöde lächelnd in ihre von imaginären rosaroten Brillen umrahmten Augen blicken.

Doch es schweigt nicht nur der Weise, sondern auch der Tölpel. Möglich wäre also, dass Männer nur deshalb nichts sagen, weil sie keine Ahnung haben und ihnen nichts einfällt – weder zum Thema Gefühle noch zum Unterbewusstsein oder dem Phänomen der Verdrängung.

Und das, was sie vielleicht sagen wollten, haben sie längst vergessen – oder sollten wir lieber sagen: »verdrängt«?

Anne

Männer bringen oft kein vernünftiges Wort über die Lippen

Dass Frauen und Männer wirklich sehr unterschiedlich sind, fällt mir immer wieder auf, wenn ich Paare bei mir in der Therapie habe. Mit beiden gleichzeitig zu sprechen, wäre sehr unfair dem Mann gegenüber – denn der redet höchstens halb so viel wie seine Frau. Fast immer.

Wenn ich mit einer Freundin spreche, kommt es dabei eigentlich nie zu langen Pausen, und es fällt uns schwer, überhaupt ein Ende zu finden. Es gibt ja nun auch wirklich genug, worüber man sich unterhalten kann. Ist die Kommunikation nicht auch das, was eine gute Beziehung zwischen zwei Menschen ausmacht?

Bei Männern scheint das irgendwie anders zu sein. Ich weiß ja, dass die Kerle sprechen können. Nur tun sie's anscheinend nicht so gern. Es ist schon vorgekommen, dass ich mit einem Mann eine halbe Stunde »gesprochen« habe und dabei kaum mehr als »ja«, »nein« und »hm« zu hören bekam.

Eine interessante Ausnahme habe ich allerdings auch beobachtet: Wenn Männer flirten wollen, können sie plötzlich reden wie ein Wasserfall. In aller Regel über ihre diversen Heldentaten. Abenteuerliche Reisen, sportliche oder intellektuelle Leistungen, extravagante Theorien über Religion, Gesellschaft und Politik ... Irgendwie süß, wie sie dann versuchen, uns mit ihrer Eloquenz zu beeindrucken. Aber sobald man den Casanova etwas näher kennenlernt, verstummt er wieder.

Natürlich bin ich jetzt ungerecht. Männer kommunizieren eben einfach anders als Frauen. Und es kann ja auch am Thema oder der Gesellschaft liegen. Wenn Männer unter sich sind, Bier verfügbar ist und es um Fußball, Autos, Politik oder Frauen geht, funktioniert das mit dem Reden ja wohl auch ganz gut. Also gibt es vielleicht doch keinen gar so großen Unterschied. Nur dass es bei uns Frauen eben auch ohne Bier und Fußball klappt.

Frauen brauchen 24 000 Wörter am Tag, um sich wohlzufühlen

Der Vorwurf, Männer seien maulfaul, geistert ja schon lang durch Frauenzeitschriften und Ratgeber. Ich habe da so meine Zweifel.

Rein statistisch gesehen stimmt es natürlich schon. Soziologen haben sich die Mühe gemacht zu zählen. Und die Ergebnisse waren deutlich: Während Männer täglich mit etwas über 10 000 Wörtern auskommen, bringen es Frauen auf mehr als das Doppelte. Aber machen wir uns doch mal klar, dass es dabei um Durchschnittswerte geht. Und was sagen die schon aus?

Von Amsterdam nach Berlin sind es 650 Kilometer, nach Brüssel 200, nach Paris 520, nach Rom 1800 und nach Lissabon 2300 Kilometer. Die durchschnittliche Entfernung von Amsterdam zu einer europäischen Hauptstadt beträgt also 1094 Kilometer – das ist ja wohl offensichtlicher Quatsch! So ist es eben auch bei der Gesprächigkeit: Es gibt Männer, die weniger sagen (Mönche mit Schweigegelübde, Straßenbauarbeiter mit Presslufthammer, Computerfreaks), und andere, die Frauen in nichts nachstehen, was das Plappern betrifft.

Aber noch wichtiger ist doch: Was sagen Frauen denn mit ihren 24 000 Wörtern? Ich tippe mal – und liege sicher nicht ganz falsch –, dass mindestens die Hälfte auf Smalltalk, Tratsch und Klamottendiskussionen fällt. So gesehen wirft es ja doch eher ein positives Licht auf das männliche Geschlecht, wenn es etwas »schlechter« bei der Wortemission abschneidet. Männer sprechen, so behaupte ich jetzt mal, mehr über sinnvolle, wichtige, bedeutsame Dinge. Beispielsweise die Fußballergebnisse vom letzten Wochenende.

Und jetzt lese ich hier gerade eine Studie, die mich doch ins Grübeln bringt: Als Forscher männliche und weibliche Embryos im Mutterleib beobachteten, stellten sie fest, dass die Mädchen ihre Kiefer um dreißig Prozent häufiger bewegten als die Jungs. Na dann …

Frauen träumen vom Familienvan

An anderer Stelle haben wir behauptet, dass Männer gerne große Autos und Frauen schnuckelige Mini-Cooper fahren. Das stimmt auch. Allerdings nur so lange, bis das junge Paar in Richtung Familie steuert, denn dann sind große Autos auf einmal auch für Frauen interessant, während Männer kalte Füße kriegen, ganz schnell zurückrudern und von protzigen Limousinen plötzlich nichts mehr wissen wollen.

Dass Frauen mit Autos nichts anfangen können, ist ein Gerücht. Oft haben sie ganz klare Vorstellungen davon, wie der fahrbare Untersatz aussehen sollte – wie eine richtige Familienkutsche nämlich! Ideal ist ein Van mit einzeln umklappbaren Rücksitzen. Schließlich geht es weniger um einen selbst als um den potenziellen oder bereits vorhandenen Nachwuchs. Kindersitze, Tretroller, Dreirad, Kinderwagen und das Schlauchboot für den Wochenendausflug – all das muss man schließlich irgendwo unterbringen können.

Wichtig ist auch, dass trotz allem noch genug Platz für ein paar Tüten und Schuhschachteln bleibt, denn Kinder sind ja kein Grund, jetzt nicht mehr shoppen zu gehen – ganz im Gegenteil.

Zugegeben, ein Van ist natürlich kein Ferrari und wirkt vielleicht etwas behäbig. Doch wir wollen ja keine Geschwindigkeitsrekorde brechen. Und was will man mit einem Auto, in dem noch nicht mal ein paar klitzekleine Kinder Platz haben? Wenn ich junge (und teilweise ziemlich kleine) Frauen in riesigen Kombis, Vans und Geländeautos herumfahren sehe, denke ich mir immer, dass irgendetwas an der These »Frauen können nicht einparken« wohl nicht stimmen kann. Ich meine: Die können doch nicht dauernd herumfahren. Sie müssen doch auch mal irgendwo anhalten und parken, oder?

Offenbar fällt es Frauen leicht, Prioritäten zu setzen. Nachwuchs ist das Wichtigste, und das mit dem Einparken lernt man dann schon. Sollten dabei doch einmal ein paar Kratzer entstehen – was soll's: ist ja nur ein Familienvan und kein Ferrari …

Männer brauchen ihren Zweisitzer

Auf Familienfotos habe ich gesehen, dass mein Vater als junger Mann einen alten Pontiac Firebird fuhr. Als er dann Kinder bekam, ist er auf ziemlich große, aber nicht gerade schicke Autos umgestiegen. Heute gehören Sportwagenkunden jedoch eher zur Generation 40 plus, stecken in der Midlife-Crisis und haben einiges zu kompensieren. Wenn Sie genauer wissen wollen, was, dann sollten Sie einen Blick auf die Symbolik werfen.

Die Farbe Rot steht für Lebenslust, Erotik, Potenz, ein Sportwagen für Kraft, Tempo, Macht und Jugendlichkeit. Und ein eher flaches Modell bedeutet Flexibilität (die ist beim Einsteigen nämlich unbedingt nötig), Geschmeidigkeit und Eleganz. Jetzt wissen Sie, was der gute alte (oder neue) Porsche so alles auszugleichen hat. Zugleich signalisiert ein Sportwagen jeder Frau: »In so ein Ding passt garantiert kein Kindersitz. Mit dem Typen kann ich sicher viel Spaß haben – aber die Pille sollte ich bei dem besser nicht vergessen.«

Ein Mann, der einen Zweisitzer kauft, handelt nicht vernünftig, sondern will eine Lebensweise zum Ausdruck bringen: Ob Ferrari oder BMW-Coupé: Statt auf dem Marlboro-Pferd reitet der Großstadtjäger eben im Flitzer über den Asphalt. Abenteuer und Freiheit könnte man da herauslesen. Und eins darf man natürlich nicht vergessen: Sportwagen symbolisieren noch ganz andere Dinge: zum Beispiel hohe CO_2-Emissionen, Minderwertigkeitskomplexe oder pubertäre Raserei.

Kürzlich durfte ich mal einen Sportwagen deutscher Fabrikation bei einem Freund Probe fahren. Der Trip war laut, anstrengend und auch etwas peinlich. Trotzdem kann ich nicht sagen, dass es nicht auch mächtig viel Spaß gemacht hätte, mit dem Ding durch die Gegend zu heizen. Aber wie so oft im Leben muss man eben Prioritäten setzen. Gerade als Holländer fällt es mir leicht, auf einen Spritfresser zu verzichten. Der Klimawandel und das Ansteigen der Meeresspiegel sind nämlich mögliche Folgen, auf die ich liebend gerne verzichte.

Anne

Frauen lieben es, tanzen zu gehen ...

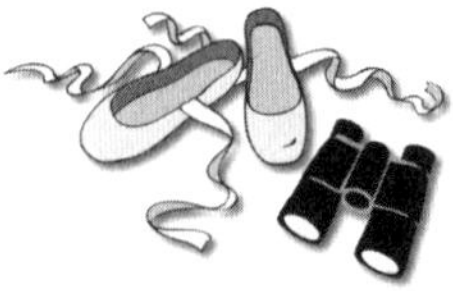

Umfragen bestätigen es: Über achtzig Prozent der Frauen zieht es regelmäßig auf die Tanzfläche. Grazile Bewegungen, Sinnlichkeit, Körpergefühl, vielleicht ein bisschen Selbstdarstellung, auf jeden Fall aber immer eine subtile Form nonverbaler Kommunikation mit dem Tanzpartner – all das fasziniert Frauen.

Ob Disco, Ballsaal, Tangokurs oder Salsaabend: das Problem ist, dass für viele Tänze auch Männer benötigt werden. Die sind dort aber leider ebenso selten anzutreffen wie in der Krabbelgruppe.

Natürlich gibt es auch begnadete Tänzer wie Fred Astaire, John Travolta und Antonio Banderas – die trifft eine Frau aber nur selten im Alltag. Tänzer waren und sind bei Frauen sehr begehrt, und wer Gegenteiliges behauptet, lügt. Tänzer sind einfühlsam, galant und kommunikativ. Sie haben keine Angst vor Gefühlen und verfügen über emotionale Intelligenz. Kein Wunder also, dass sie auch gute Liebhaber sind.

Von Zinnsoldaten kann man das hingegen nicht gerade behaupten. Ebenso wenig von solchen männlichen Partnern, die Tanzen ohnehin nur »albern« finden und zwei linke Beine haben.

Verständnisvolle Frauen, die beide Augen zudrücken (eins für jedes linke Bein) und trampelnde Männerabsätze auf ihren Zehen tapfer lächelnd erdulden, können ihren Liebsten trotz anfänglicher Tanzbehinderung mit der Zeit zum Tänzer machen.

Für alle anderen gibt es jedoch wohl nur eine Lösung: Sie müssen eben fremd(tanzen)gehen.

... aber Männer schauen lieber Tänzerinnen zu

Von ein paar Ausnahmen abgesehen (die man allerdings an ein bis zwei Händen abzählen kann), bleiben in jedem Land Mitteleuropas jeweils locker noch einige Millionen Männer übrig, die unter einer heftigen Tanzallergie leiden. Ein Wunder ist das nicht, denn mögen Männer auch viele Fehler haben, eines sind sie sicher nicht: blind. Das schmerzverzerrte Gesicht ihrer Partnerin, die jämmerliche Figur im Wandspiegel, die einen ernüchternd objektiven Blick auf das eigene Erscheinen preisgibt, die teils amüsierten, teils spöttischen Seitenblicke anderer Tanzpaare – das Ganze ist einfach lächerlich. Grotesk.

Ebenso wie ich – und das ist tröstlich – müssen auch fast alle anderen Männer eingestehen, dass Fred Astaire und Gene Kelly wohl von einem anderen Stern gekommen sein müssen. Auf eine Freundin, die tanzen gehen will – und das betrifft praktisch alle –, gibt es daher zwei mögliche männliche Reaktionen: Entweder, wir versuchen es weiterhin und machen uns dabei in aller Öffentlichkeit zum Affen (was ein Liebesdienst ist, den keine Partnerin unterschätzen sollte), oder aber wir denken: Soll sie doch ruhig tanzen gehen – aber ohne mich!

Bügeln und Tanzen sind eben Frauensache. Doch im Gegensatz zum Bügeln ist Tanzen eine Beschäftigung, bei der Männer durchaus gerne zuschauen. Vor allem wenn die Tänzerin nicht viel älter als zwanzig ist und mit wallender Mähne, Schmollmund und Minirock stroboskopverzerrt mit den Hüften wackelt. Spätestens hier wird das Tanzen dann zu einer Freizeitveranstaltung, die auch der eigenen Partnerin mächtig auf die Nerven zu gehen beginnt. In Anbetracht ihres Wutausbruchs bekommt der Filmtitel »Saturday Night Fever« eine ganz neue Bedeutung.

Und so einigt man sich schließlich, am nächsten Wochenende lieber ins Kino oder zum Grillen statt in die Disco zu gehen – und beide sind zufrieden, jedenfalls (er) mehr oder (sie) weniger.

Anne

Frauen lassen ihren Gefühlen freien Lauf …

Seit Jahren beobachte ich, dass die simple Frage »Wie fühlst du dich?« bei Männern und Frauen sehr unterschiedliche Reaktionen hervorruft. Während Männer meist nur mit den Schultern zucken oder nachfragen: »Hä? Wie ist denn das jetzt gemeint?«, können Frauen dabei regelrecht in Tränen ausbrechen.

Männer sollten wissen, dass es gute Gründe gibt, warum Frauen öfter weinen. Sie sind sensibler und haben buchstäblich ein dünneres Fell. Tatsächlich ist die Haut einer erwachsenen Frau rund zehnmal so berührungsempfindlich wie das des Dickhäuters an ihrer Seite. Das »Zärtlichkeitshormon« Oxytocin steigert die weibliche Lust nach Berührung noch. Ob Partner, Kinder oder Freundin, eine Frau will sich und den andern fühlen. Das gilt auch auf emotionaler Ebene: Während bei Männern nur relativ kleine Gehirnareale (allesamt in der rechten Gehirnhälfte) für Gefühlswahrnehmungen zuständig sind, fühlen Frauen sozusagen mit dem ganzen Gehirn. Das sieht man auch: Mienenspiel, Körpersprache, Stimme und eben auch Tränen verraten, was in ihr vorgeht. Man muss kein Psychoanalytiker sein, um das zu erkennen.

Wir Frauen nehmen uns viele Dinge sehr zu Herzen, über die Männer nicht einmal die Miene verziehen würden. Doch auch wenn Männer manchmal denken, dass Frauen zu weinerlich sind – das ist schon okay so. Statt mit Ratlosigkeit zu reagieren, können Sie Ihrer Frau durch drei einfache Schritte helfen: 1. Hören Sie zu, lassen Sie sie in Ruhe zu Ende jammern. 2. Trösten Sie Ihre Partnerin, indem Sie sie einfach nur in den Arm nehmen. 3. Schlagen Sie dann vorsichtig und einfühlsam mögliche Lösungen vor. Aber nicht mit dem Holzhammer! Mit Sätzen wie »Stell dich nicht so an – du musst doch einfach nur …« bewirken Sie höchstens das Gegenteil. Und dann müssen Sie wieder durchs Haus rennen, um noch mehr Tempos zu suchen.

... doch Indianer weinen nicht

Männer sind nicht sonderlich gut darin, Gefühle zu zeigen. Schon von Kind auf bekommen sie zu hören, dass sie tapfer sein müssen. Später versuchen sie dann krampfhaft, die Kontrolle zu bewahren, komme, was wolle. Tauchen aber doch einmal Gefühle wie Angst, Ärger oder Trauer auf, so fressen sie so viel wie möglich in sich hinein. Guten Appetit. Allerlei Männerrituale im Sportverein oder beim Militär tun ihr Übriges, um aus zarten Jungs ganze Kerle zu machen. Und so wird die ohnehin schon dicke Haut noch unempfindlicher. So ging das jedenfalls viele Jahre lang. Indianer, hieß es noch in meiner Kindheit, weinen nicht. Doch Indianer sind, wie Karl May, nicht mehr en vogue.

Bis vor Kurzem galt: Wenn schon weinen, dann bitte wenigstens heimlich. Allmählich aber kommen Gefühle wieder in Mode. Die Empfindsamkeit früherer Zeiten erblüht aufs Neue. Schon vor zweihundert Jahren saßen allenthalben schniefende Männer herum. Und heute traut man sich auch wieder: Selbst ganze Kerle wie Al Pacino, Robert De Niro oder Shrek lassen ihren Gefühlen auf der Leinwand freien Lauf. Und Gründe zum Weinen gibt es für den Mann genug – etwa wenn seine Frau ihn verlässt, die Höhe der Unterhaltszahlungen entschieden wurde, seine Hedgefonds abstürzen oder er sich zwei Finger an der Kreissäge abschneidet.

Doch damit nicht genug: Der neue Mann – Gefühlsmensch, Poet, Sensibelchen – darf heute immer und überall Tränen vergießen: auf dem Sofa seines Therapeuten, beim Rebirthing, beim Familienaufstellen, bei der Geburt seines Kindes (und in den Armen der Hebamme) oder beim Männer-Schwitzhütten-Eisenhans-Märchenritual. Er darf nicht nur – er muss sogar! Wer das nicht schafft, ist kein ganzer Mann und sollte sich schnellstens einen Heuschnupfen oder zerkratzte Kontaktlinsen zulegen. Oder wenigstens ordentlich auf die Krokodilstränendrüse drücken.

Anne

Warum Frauen die Lebensmitte fürchten …

Von wegen Gleichberechtigung! Die Natur hat sie jedenfalls nicht verwirklicht. Frauen sind eindeutig benachteiligt. Während Männer mit der Zeit immer interessanter werden, werden Frauen einfach nur alt. Ich würde das jetzt gern als Macho-Vorurteil entlarven, als absurde männliche Illusion. Und wenn ich mir so manchen fünfzigjährigen Schmerbauch anschaue, kann von »interessant« ja auch wirklich nicht die Rede sein. Aber sehen Sie sich doch mal George Clooney oder Sean Connery an. Diese Kerle sahen erst ab vierzig richtig gut aus!

Klar, es gibt auch Frauen, die mit vierzig, fünfzig oder sechzig schön sind. Und das auf natürliche Weise, ganz ohne Chirurgie. Aber machen wir uns nichts vor. Ab vierzig geht es für Frauen stetig bergab. Die Natur ist grausam: Zweieinhalb Jahrzehnte lang sollen Frauen Kinder kriegen – anschließend sind sie (zumindest biologisch gesehen) überflüssig. Die Hormone machen schlapp und mit ihnen das Bindegewebe.

Kein Wunder, dass wir Frauen die Lebensmitte fürchten. Genau dann landen unsere Männer ja auch in einer zweiten Pubertät, die der ersten in nichts nachsteht – vor allem nicht in Peinlichkeit.

Trotzdem: Weder der vierzigste noch der fünfzigste Geburtstag ist für Frauen ein Grund zur Verzweiflung, solange wir uns nur nicht über die Menge unserer Hormone oder Falten definieren. Eine richtige Frau hat deutlich mehr zu bieten als Pfirsichhaut und fruchtbare Eizellen. Manche Männer sind sich dessen wohl auch bewusst – sogar in der »Gala« stand neulich, dass ältere Frauen immer öfter jüngere Liebhaber haben. Und dann muss es ja wohl stimmen, oder?

Jan

… und Männer in der Mitte des Lebens ihre zweite Pubertät erleben

Frauen machen oft ein Riesengewese, wenn sie in die Wechseljahre kommen. Als ob es Männer da leichter hätten! Meist ist das die Zeit, wo uns die Haare (falls noch welche da sind) auszufallen beginnen oder wir vollständig ergrauen. Dafür wächst der Bauch und ist auch durch regelmäßiges Fitnesstraining nicht mehr klein zu kriegen. Die Karriere hat ihren Höhepunkt überschritten, und wir müssen fürchten, im Job durch Jüngere ersetzt zu werden.

Und damit nicht genug: Unverhofft erwacht der bereits eingeschlafene Sexualtrieb wieder und beschert uns eine zweite Sturm-und-Drang-Phase. Vollbrüstige Teenager werden zum Angriffsziel. Soeben noch gesetzte Familienväter verwandeln sich in kurzer Zeit zu eitlen Gecken, färben ihr in Ehren ergrautes Haar (oder kleben sich ein Toupet auf die Glatze), kaufen einen albernen Sportwagen oder lernen neue und möglichst gefährliche Sportarten.

Dass das selten gut geht, konnte ich an meinem Nachbarn Piet beobachten. Er war gerade fünfzig geworden, als er sich in Jeanette, eine 21-jährige Studentin, verliebt zu haben glaubte. Plötzlich wurden seine Haare wieder dunkel, er begann pubertäre T-Shirts zu tragen, kaufte sich ein Cabrio und lernte Kung-fu. Anfangs klappte es auch sehr gut mit Jeanette. Fortan war er jedes Wochenende in Klubs, wo er als einziger Opi zwischen den Twens herumzappelte. Für Jeanette ließ er sich sogar scheiden. Ein Jahr später brach dann alles zusammen. Neben Frau und Kindern hatte ihn nun auch noch seine inzwischen schwangere Jeanette verlassen. Alles, was ihm blieb, waren horrende Unterhaltszahlungen und eine behandlungsbedürftige Depression.

Es heißt eben nicht jeder George Clooney oder James Bond. Und dass die Männer von der Natur begünstigt wären, ist Unsinn. Dennoch bin ich ganz froh, ein Mann zu sein. Vielleicht weil ich das Glück hatte, dass meine Frau mir nie weggelaufen ist – bisher jedenfalls noch nicht.

Anne

Frauen sehnen sich nach Liebe

Vor einiger Zeit geschah etwas Tragisches, völlig Unverhofftes. Ein gut befreundetes Paar trennte sich aus heiterem Himmel, vielmehr: Sie trennte sich von ihm. Der Verlassene blieb völlig ratlos zurück und meinte nur voller Unverständnis: »Aber ich habe sie doch geliebt!« Was war nur geschehen?

Die beiden hatten den Eindruck eines glücklichen, normalen Paars gemacht – und doch fehlte wohl irgendetwas so gravierend, dass es für die Frau ein Trennungsgrund war. Bei einem gemeinsamen Gespräch mit den beiden stellte sich dann heraus, dass die Frau schlicht die kleinen alltäglichen Gesten der Liebe im Alltag vermisst hatte: den zärtlichen Guten-Morgen-Kuss, den Strauß Blumen, für den es nicht immer einen besonderen Anlass gebraucht hätte, die unspektakulären kleinen Berührungen, die ihr Wärme und Vertrauen signalisiert hätten.

Ihr Mann wiederum war sich keiner Versäumnisse bewusst. Er war der Meinung, dass dieses diffuse Gefühl von Liebe reichen würde, um die Beziehung am Laufen zu halten, während seine Frau sich zunehmend emotional ausgehungert fühlte.

Gelebte Liebe ist für Frauen so wichtig wie tägliche Nahrungszufuhr. Sie ist der Kitt für Geborgenheit in der Beziehung und in der Familie. Und, um in der Männersprache zu bleiben: Leider genügt es nicht, diesen Kitt einmal aufzutragen und ihn dann sich selbst zu überlassen – vielmehr will er immer wieder erneuert und ausgebessert werden, sobald die Witterung des Alltags an ihm nagt.

Es hilft nichts: Das weibliche Bedürfnis nach Liebe muss immer wieder aufs Neue bedient werden. Kleine Geschenke, Komplimente, ja, warum nicht auch einmal das gute alte »Ich liebe dich« von Zeit zu Zeit – all diese Kleinigkeiten wirken Wunder und liefern die Nahrung für Herz und Seele.

Männer wollen Anerkennung

Nach allem, was ich in meiner Praxis zu hören bekomme, ist ein Männeralltag oft ganz schön anstrengend. Da quält man sich Tag für Tag ins Büro, ob man will oder nicht, bietet seine ganze Energie dafür auf, sich gegen (nicht nur im Job) rivalisierende Alphamännchen durchzusetzen, und bekommt dann nicht mal die so dringend benötigte Gehaltserhöhung als Dankeschön. Dabei macht ein Mann das alles (so redet er sich das zumindest gerne ein) ja doch nur für Frau und Familie.

Aus männlicher Sicht ist es allzu verständlich, dass er für die Heldentaten, die er tagein, tagaus für andere vollbringt, auch die entsprechende Anerkennung bekommen will. In Zeiten anonymer Großraumbüros muss er ja geradezu froh sein, von seinem Vorgesetzten noch einen aufmunternden Klaps auf die Schulter zu bekommen, wenn er wieder mal sein Bestes gegeben und den Feierabend um Stunden nach hinten verschoben hat. Lob und Anerkennung im Beruf sind in Deutschland immer noch Mangelware. Überdurchschnittliche Leistungsbereitschaft gilt als normal, und viele Chefs folgen dem schwäbischen Motto: »Nix gsagt ist scho genug globt.«

Kommt der männliche Familienernährer dann müde und frustriert nach Hause, so erwartet er – wen wundert's – wenigstens hier, dass seine Leistungen belohnt und gewürdigt werden. Lob und Wertschätzung sind der reinste Treibstoff für Männer. Ordentlich vollgetankt, sind sie jederzeit bereit, ihre persönlichen Leistungsgrenzen noch ein wenig zu steigern, noch ein Stück besser zu sein als die anderen und noch größeren Wert auf Erfolg zu legen.

Falls Sie zufällig mit einem Mann verheiratet sein sollten, der sein halbes Leben in der Tretmühle verbringt, sind Sie gut beraten, mit Lob nicht zu geizen. Auch dann nicht, wenn der eigene Tag vielleicht unerfreulich und nicht minder anstrengend war. Männer brauchen Anerkennung wie Nahrung – ebenso wie Frauen das Gefühl brauchen, geliebt zu werden.

Nachwort

Männer und Frauen scheinen manchmal so unterschiedlich, dass es an ein Wunder grenzt, dass diese Wesen überhaupt miteinander umgehen können. Doch in Wirklichkeit ist es gar nicht so schwierig: Wenn man sich nur darüber im Klaren ist, dass es eben nicht eine einzige, sondern mindestens zwei Wirklichkeiten gibt. Und an den Stellen, wo sich die Wirklichkeiten treffen, blüht die Liebe. Wo sie sich nicht treffen, ist es geheimnisvoll und interessant.

Wenn Jan und ich uns eine Welt vorstellen, die nur von Männern oder nur von Frauen bevölkert ist, sind wir uns vollkommen einig: es wäre eine Welt, der der rechte Pepp fehlt. Die Spannungen zwischen Mann und Frau machen das Leben erst spannend. Es ist wie bei Bogen und Sehne – eins von beiden reicht nicht, um den Pfeil zu schießen und das Ziel zu treffen.

Jetzt fragen Sie sich vielleicht, was denn in diesem Bild der Pfeil ist, was das Ziel oder gar, wer der Schütze sein mag? Nun, denken Sie ein wenig darüber nach. Am besten zu zweit. Wir sind sicher, dass Ihnen einige erhellende Antworten einfallen …

Wir haben bei der Arbeit an diesem Buch viel gelacht. Oft über den anderen, aber noch öfter über uns selbst. Und eins ist uns dabei noch klarer geworden: Gemeinsam lachen können, übereinander und miteinander, das ist vielleicht eines der wichtigsten Geheimnisse einer Partnerschaft, die die Jahre überdauert. Selbst wenn zwei Menschen so verschieden sind wie Mann und Frau.

David Schnarch

Die Psychologie sexueller Leidenschaft

Aus dem Amerikanischen von Christoph Trunk und Maja Ueberle-Pfaff. Vorwort von Jurg Willi. 512 Seiten. Piper Taschenbuch

»David Schnarch zeigt, daß Liebesbeziehungen zu einer Differenzierung des Selbst herausfordern. Man muß lernen, sich dem Partner gegenüber mit echten Gefühlen zu zeigen und in der Intimität bei sich selbst zu bleiben. Das ist eine sehr hohe Anforderung, deren Erfüllung oft schwierig und schmerzlich ist. Intimität und enge Bindung sind nach David Schnarch nur möglich, wenn die Autonomie der Partner gesichert bleibt. Erst das eröffnet die Möglichkeit, die Beziehung auch sexuell spannungsgeladen und lebendig zu erhalten.«
Jürg Willi im Vorwort

»›Die Psychologie sexueller Leidenschaft‹ ist ein Klassiker.«
William H. Masters

05/2361/01/L

Ulf Poschardt

Einsamkeit

Die Entdeckung eines Lebensgefühls. 192 Seiten. Piper Taschenbuch

Einsamkeit hat einen schlechten Ruf. Völlig unbegründet, sagt Ulf Poschardt. Er zeigt uns das Paradies der Einsamkeit, den Ort, an dem die Chance auf Selbstfindung und Glück wohnt. Er erzählt von uns, die erst nur für einen Augenblick allein sind, dann sind es neunzig Minuten, bald auch an Weihnachten oder am eigenen Geburtstag, schließlich ist man schon ein ganzes Jahr nur mit sich ...

Ulf Poschardt zeigt die Einsamkeit in all ihren Spielarten, sei es im Alltag oder in philosophischer Betrachtung. Sein Plädoyer mündet in die lustvolle Entdeckung der glücklichen Einsamkeit.

05/2275/02/R

François Lelord

Hector und die Geheimnisse der Liebe

Aus dem Französischen von Ralf Pannowitsch. 240 Seiten. Piper Taschenbuch

Auf seiner Reise wird der junge Psychiater Hector zum Abenteurer des Herzens. Er spürt einem Professor nach, der das Geheimnis der Liebe entschlüsselt haben will. Dabei entdeckt er, wie kompliziert die Liebe sein kann: Kann man nicht für immer verliebt bleiben? Warum liebt manchmal der eine mehr als der andere? Und Hector entdeckt, daß allein die Liebe – für alle Zeit und wo immer wir leben – die Macht haben wird, unsere tiefsten Sehnsüchte zu stillen.

»Eine tiefsinnige Geschichte, die mit klugen Einsichten zum Thema Liebe überrascht.«
Gala

05/2123/02/L

Katja Sundermeier

Die Simply Love® Strategie

Ihr Weg zur großen Liebe. 208 Seiten mit 46 farbigen Originalillustrationen von Christiane Gerstung. Piper Taschenbuch

Lang genug Single, Lust auf die große Liebe? Simply Love®, das für bindungswillige Männer und Frauen konzipiert wurde und sich seit Jahren in der Praxis bewährt, führt direkt zum Ziel. Die Psychotherapeutin Katja Sundermeier zeigt, wie wir unbewußte Prägungen erkennen und vorgezeichnete Rollen durchbrechen – und so den Partner, den wir verdienen, auch wirklich bekommen.

»Haben Sie genug vom Single-Dasein? In diesem Buch erhalten Sie Tips, wie Sie ein romantisches Happy-End für Ihr Beziehungsleben finden können.«
Glamour.de

05/2055/02/R